LE RETOUR
DES
DIEUX

LA TERREUR INVISIBLE

SÉRIE « SF Jimmy GUIEU »

Déjà parus

N° 1 – Au-delà de l'infini
N° 2 – Les monstres du néant
N° 3 – L'invasion de la Terre
N° 4 – Les Êtres de feu
N° 5 – Hantise sur le monde
N° 6 – Convulsions solaires
N° 7 – L'univers vivant
N° 8 – Réseau dinosaure
N° 9 – La Dimension X
N° 10 – Chasseurs d'hommes
N° 11 – La spirale du temps
N° 12 – Nous les Martiens
N° 13 – Le monde oublié
N° 14 – Mission « T »
N° 15 – L'homme de l'espace
N° 16 – L'Ère des Biocybs
N° 17 – Opération Aphrodite
N° 18 – Expérimental X-35
N° 19 – Commandos de l'espace
N° 20 – Planète en péril
N° 21 – L'Agonie du verre
N° 22 – Univers Parallèles
N° 23 – La Grande Épouvante
N° 24 – Nos Ancêtres de l'Avenir
N° 25 – L'Invisible Alliance
N° 26 – Prisonniers du Passé
N° 27 – Piège dans l'Espace
N° 28 – Les Portes de Thulé
N° 29 – Le Secret des Tshengz
N° 30 – Refuge Cosmique
N° 31 – Demain l'apocalypse
N° 32 – Les Destructeurs
N° 33 – Les Forbans de l'Espace
N° 34 – La mort de la Vie
N° 35 – Joklun-N'Ghar la maudite
N° 36 – Le Règne des Mutants
N° 37 – Traquenard sur Kenndor
N° 38 – Cité Noé
N° 39 – Le Grand Mythe
N° 40 – Les Orgues de Satan
N° 41 – Expédition cosmique
N° 42 – Les Cristaux de Capella
N° 43 – Les Maîtres de la Galaxie
N° 44 – Opération Ozma
N° 45 – Les Rescapés du néant
N° 46 – L'Exilé de Xantar
N° 47 – L'Age noir de la Terre
N° 48 – Le Retour des dieux
N° 49 – Les pièges de Koondra
N° 50 – Les sept sceaux du cosmos
N° 51 – Les Fugitifs de Zwolna
N° 52 – La terreur invisible
N° 53 – Le bouclier de Boongoha

science fiction

SF

JIMMY GUIEU

Grand Prix du Roman Science-Fiction 1954
Prix du Roman Esotérique 1969
Grand Prix du Roman S.F. Claude Auvray 1973

LE RETOUR DES DIEUX

Plon

Remanié par l'Auteur, ce roman est la vivante adaptation de l'ouvrage paru sous le même titre, en 1967 dans la Collection « Anticipation » des Éditions Fleuve Noir.

Illustration de couverture : Pieri-Dominique Lacombe

ISBN 2-259-01335-X
ISSN : O-242-3715

Ame sam sa le rom la lumeake
Ame sam le marturea la lumeake
Ame sam le marturea so amare pure sarke sas e lumea e Romaie
Ame sam le marturea so amare pure sarkai avileai e lume jakana.

(Nous sommes, nous autres, dans le monde, le peuple des Rom, celui des premiers hommes.
Nous sommes, dans le monde, les témoins.
Nous sommes les témoins de ce que nos anciens nous ont dit sur ce qu'était le monde des Rom, le premier monde.
Nous sommes les témoins de ce que nos anciens nous ont dit sur le devenir du monde jusqu'à nos jours.)

(Antique tradition des Tziganes Chaldérash.)

***

Le siècle à venir sera métaphysique.

André MALRAUX.

A toi, Sweet CATLEYA
MM/MTCF.

En souvenir d'un certain véhicule absent aux Saintes-Maries-de-la-Mer...

A Eric GUERRIER,
Exégète du Paléocontact *et de la* Théo-Archéologie

En fidèle amitié

J.G.

CHAPITRE PREMIER

Les Saintes-Maries-de-la-Mer, ce charmant petit village au bord de la Méditerranée ne sort de sa quiétude habituelle que vers le milieu du mois de mai. Les touristes qui, tout au long de l'année, viennent se baguenauder par les rues et les places inondées de soleil, s'y trouvent alors relégués au second plan. En effet, durant la deuxième quinzaine de mai, par milliers affluent les gitans venus participer au grand pèlerinage des trois saintes : Marie Salomé, Marie Jacobé et la très sainte – pourtant non canonisée! – Sara la Noire ou Sara la Kali, vénérée par les gitans du monde entier; Sara qui, voici près de 2 000 ans, recueillit, selon la Tradition, les deux vieilles femmes – Marie Salomé et Marie Jacobé – témoins de la mort du Christ, dont la barque vint s'échouer sur la plage, lieu désormais sacré destiné à devenir le plus important sanctuaire gitan du vieux continent.

De même que les musulmans, une fois dans leur vie, se doivent d'accomplir le pèlerinage à La Mecque et mériter ainsi le titre de *radjdj,* les gitans, eux, se doivent de sacrifier une fois pour le moins aux cérémonies des « Saintes », comme il est d'usage de désigner familièrement ce haut lieu des croyances Romanée et chrétienne.

A cette époque-là, dans un vaste périmètre, le « peuple de l'errance » se rassemble, dresse tentes, roulottes, caravanes et bivouacs autour de l'agglomération, foule bigarrée fixée alors pour une ou deux semaines sur les rivages où abordèrent les Saintes. Dans chaque camp, chevaux, mulets, vieilles Ford, traction-avant, Versailles, Baulieu, maintes « américaines » souvent mal en point, parfois aussi modernes et étincelantes de chrome, semblent faire foin des anachronismes et se mêlent dans un désordre indescriptible.

De part et d'autre des routes et chemins, sur les terrains vagues et même dans la garrigue se dressent, peu à peu, les campements gitans ou « Boumians » – Bohémiens, en provençal. Chez les non-initiés (1), ces termes génériques désignent aussi bien les Manouches que les Chalderash, ces deux grands groupes subdivisés en tribus comprenant les Tsiglarea (fabricants de briques), les Chalkavere (travaillant le cuivre), les Choatchi ou Kowatchi (spécialisés dans la chaudronnerie), les Grastare (éleveurs de chevaux), les Yenitches (habiles vanniers), les Sinti à peau brune ou encore les Lülü, qualifiés d'« Arabes » par les Chaldérasha (2).

Véritable Tour de Babel où l'on parvient cepen-

(1) Les non-gitans, c'est-à-dire les *Gadje* (pluriel de *Gadjo)*, par opposition aux *Roma :* les gitans.

(2) Pluriel de Chaldérash (prononcer : Kaldérach); de même, Chalkaverea est le pluriel de Chalkavere.

dant à s'entendre en usant de la langue Romanée (1), tout ce petit peuple sympathique criant, chantant et dansant crée donc une animation des plus colorées en l'attente du grand pèlerinage et des cérémonies profanes ou sacrées – voire secrètes, celles-ci exclusivement réservées aux gitans – qui, chaque année, marquent la nuit du 24 au 25 mai.

Cet après-midi-là, à la veille de la cérémonie qui devait se dérouler dans la crypte de l'église abritant les reliques des Saintes, un groupe d'enfants chaldérasha menaient grand tapage à trois ou quatre kilomètres d'un campement édifié au nord-nord-ouest des Saintes-Maries-de-la-Mer, en bordure de l'étang des Launes.

Armés de mitraillettes, de glaives et d'épées (toutes armes confectionnées avec de vieilles planches ou des branchages taillés au couteau) les garnements se livraient une rude bataille, bondissant, se poursuivant, détalant dans les buissons épineux de la garrigue ou pataugeant parfois dans les marécages que les flamants roses avaient déserté à l'approche de cette horde turbulente.

Agé d'une douzaine d'années, le jeune Arminio imita, avec sa bouche, une rafale de mitraillette destinée à Mario, de deux ans son cadet, qui brandissait un glaive de bois en gesticulant comme un forcené. Refusant de tomber malgré le « tacatacata » qu'époumonait Arminio, le gosse continua de faire tournoyer son épée en criant d'une voix aiguë :

(1) Langue des Tziganes, dont certaines racines proviennent du sanskrit.

– Non! C'est toi qu'es mort! C'est pas moi!

Et les autres de faire chorus, mitraillette en main, pour affirmer avec fougue qu'il était bel et bien mort! Arminio perdit soudain son expression butée pour afficher une frayeur intense; les yeux désorbités, il lâcha son « arme » de bois et resta la bouche ouverte, incapable de parler.

Intrigués par ce changement d'attitude, hésitant à admettre qu'ils pussent être responsables de cette mimique effrayée, ses « assaillants » se retournèrent, vaguement craintifs et restèrent figés de stupeur. Là, à moins de dix mètres, *immobile dans l'air*, se tenait un vieillard auréolé de lumière! Un vieillard à longue barbe, drapé dans les plis d'une ample tunique blanche et dont les pieds, nus, se balançaient doucement au-dessus d'un buisson d'aubépine!

L'homme leva lentement son bras droit, main ouverte, en direction des enfants et leur sourit. Sa voix leur parvint, lointaine d'abord, bizarrement ouatée, puis beaucoup plus distincte :

– N'ayez point peur, mes fils. Je viens de la Porsaïda apporter aux Roma la Loi de Justice et la Paix. Bientôt, s'ils ont foi en moi – en *moi seul* – les Roma retrouveront le bonheur qu'ils ont perdu en perdant le Raïo des Sunntse...

A ce discours – auquel ils ne comprirent pas grand-chose – les gosses lâchèrent mitraillettes et glaives pour détaler comme des lapins.

Lorsque Arminio osa enfin ralentir sa fuite pour se retourner, l'apparition avait disparu, mais les deux petites filles de la bande, restées à la traîne et incapables de suivre la course folle des garçons, pleuraient à gros sanglots. Il rebroussa chemin, courut vers elles, les prit par la main et les entraîna à travers les buissons, vers le chemin menant aux Saintes-Maries-de-la-Mer. De nouveau, l'étrange apparition se manifesta, au-devant d'eux, les forçant à stopper brusquement et à se bousculer les uns les autres. Le vieillard auréolé de lumière, flottant en l'air à quatre ou cinq mètres du sol, leur barrait le passage. Tout comme la première fois, sa voix d'abord lointaine, se rapprocha, devint audible :

– Ne fuyez pas, mes fils! Je suis le Sunto Sinpetra...

Sourds à ces paroles à la fois apaisantes et mystérieuses, le garçon entraîna les fillettes en larmes pour escalader le talus menant à la route. Là, ils reprirent leur course en direction des Saintes-Maries, se retournant de temps à autre, taraudés par l'angoisse de voir le vieillard « voler » à leur poursuite.

L'une des fillettes tomba, s'écorchant les genoux et les mains sur le gravier bordant la route. Arminio l'aida à se relever, mais, folle de terreur et à bout de souffle, elle s'évanouit. Le jeune Mario, qui avait vu la scène, jeta un cri, fit arrêter ses camarades et revint sur ses pas pour s'accroupir lui aussi auprès de la fillette dont le visage bronzé virait au gris. Affolés, ne sachant que faire, Mario et Arminio lui tapotaient les joues, se sentant eux aussi au bord des larmes devant leur impuissance à ramener à elle la pauvre enfant.

– Une bagnole! lança l'un des gosses en gesticulant pour attirer l'attention du conducteur.

Pilotée par un homme d'une trentaine d'années à l'allure sportive, la 205 GT grise stoppa dans un crissement de pneus, redémarra en marche arrière et vint se ranger sur l'accotement. Solide gaillard brun à fine moustache, le conducteur s'approcha, inquiet, en ôtant ses lunettes de soleil :

– Que lui est-il arrivé?

Agenouillé auprès de la fillette, il avait collé une oreille contre sa poitrine cependant que Mario amorçait :

– Nous avons vu un...

Arminio lui donna un coup de coude dans les côtes et le coupa avec vivacité :

– Elle est tombée, en courant et s'est évanouie...

Et d'ajouter, en langue romanée, à l'adresse de son camarade :

– Boucle-la! Ce qu'on a vu, c'est pas des affaires pour les gadje!

Le conducteur leva un œil légèrement surpris sur Arminio, puis il alla fouiller dans la boîte à gants de sa voiture et revint avec un flash de gin Epson. Il en glissa le goulot entre les lèvres de la fillette, mais déjà, celle-ci entrouvrait les yeux. Elle but une gorgée d'alcool et se mit à tousser en regardant avec incompréhension cet inconnu penché sur elle qui lui souriait gentiment.

– Je crois que ça va aller, fit l'automobiliste en versant un peu de gin sur son mouchoir afin de nettoyer sommairement les écorchures de la petite fille.

Celle-ci serra les dents, fit la grimace mais ne gémit point.

– Tu es courageuse, mon chou. Comment t'appelles-tu?

Elle dévisagea l'inconnu, regarda tour à tour ses camarades et murmura :

– Miketa.

– C'est un joli nom, fit l'automobiliste en rebouchant le flash d'Epson. Et toi, Rom? ajouta-t-il en donnant à Arminio le nom d'homme en langue romanée.

– Arminio, monsieur.

Avec une désinvolture feinte – ces enfants, visiblement sous le coup d'une grande frayeur, lui cachant quelque chose – le conducteur tendit sa main au garçon et se présenta « en copain » :

– Moi, c'est Gilles; Gilles Novak. Où est votre campement, les enfants? Je vais vous y conduire.

Ils hésitèrent et consultèrent du regard leur « chef » : Arminio. Celui-ci jeta un coup d'œil aux genoux écorchés de Miketa puis, du menton, désigna un point vague, vers l'est.

– Notre camp est au bout des Arnelles, près d'un petit étang. Je vais vous montrer le chemin.

– Je connais, répondit Gilles Novak. Je viens chaque année aux Saintes..., passer une semaine de vacances, acheva-t-il après une brève hésitation, Manouche ou Chalderasha?

Arminio releva un sourcil, soupçonneux; la question de cet homme attestait de sa part certaines connaissances sur les Roma généralement ignorées des gadje.

– Chaldérasha, répondit Arminio, laconique.

Ne voulant point les rebuter davantage, il les sentait nerveux, inquiets, Gilles Novak, tout en roulant, se borna à parler du beau temps, des bandes de flamants roses qui, sur leur gauche, s'élevaient très loin dans le ciel d'un bleu pastel, au-dessus de l'Étang Impérial communiquant avec le Vaccarès et sa réserve zoologique.

Une troupe de gardians chevauchait au loin; le couchant découpait leurs fières silhouettes comme une fresque épique digne des traditionnels westerns. Mais ici, point de fortins aux hautes palissades de pieux : des mas entourés d'oliviers, des maisonnettes au toit de roseaux brunâtres, aux murs éclatants de blancheur ou d'humbles cabanes de *sagno*[1] pourvues d'une abside arrondie, face au nord, afin de résister aux furieux assauts du mistral. Presque toujours, à l'extrémité de la poutre faîtière, une croix pour chasser les mauvais génies qui – c'est bien connu – viennent du nord...

Effarouchés, peut-être par cette cavalcade, pourtant lointaine, des flamants roses, des hérons, des aigrettes s'envolaient par centaines, dessinant de véritables nuages mouvants, d'un curieux rose pâle sur le fond du ciel bleu tournant peu à peu vers l'indigo et le mauve.

A bord de la 205, les petits gitans ne s'attardaient guère à contempler le vol des oiseaux du delta; le nez collé aux vitres, ils scrutaient le ciel, craignant encore d'y voir apparaître le « vieux qui vole ». Leur manège n'échappa point à Gilles, mais celui-ci, malgré sa curiosité, s'abstint de les interroger sur leur sourde inquiétude. Ils atteignirent bientôt le campement. L'arrivée de cette 205 remplie d'enfants de la tribu ne laissa pas d'intriguer, voire d'alarmer les gitans. Reconnaissant leur progéni-

1. Roseaux des marais, en provençal.

ture, des femmes, quelques hommes accouraient.

Arminio sauta à terre, devançant ses camarades pour lancer, en romanée, à l'adresse d'un vieux tzigane au cuir tanné, à l'abondante chevelure blanche, qui s'approchait à pas lents :

- Rien de mal *Puro (1).* Ce gadjo est un bon gadjo; il a soigné Miketa qui s'était évanouie, en tombant. Je t'expliquerai plus tard...

L'Ancien battit des paupières en signe d'accord et inclina légèrement la tête pour saluer l'étranger :

– Merci d'avoir ramené les enfants, Monsieur. La petite est blessée?

– De simples égratignures aux genoux et aux mains, mais elle s'est évanouie. La douleur de la chute, peut-être... Mais peut-être *autre chose* aussi. Arminio vous expliquera tout en détail quand je serai parti. C'est là une affaire qui ne concerne pas un gadjo, n'est-ce pas?

L'allusion était assortie d'un sourire plein d'indulgence, mais elle porta. Le vieux tzigane fronça les sourcils et considéra longuement cet étranger, scrutant son visage, ses yeux, comme pour lire en lui :

– Nous n'avons rien contre les gadje, Monsieur... Et si vous le voulez bien, vous nous ferez beaucoup d'honneur en partageant notre repas.

– J'accepte très volontiers. Permettez-moi de me présenter : Gilles Novak. Je suis... représentant de commerce, en vacances aux Saintes où je viens chaque année.

– Mon nom est Yanko, fit l'ancien.

Une vieille femme au visage parcheminé se joignit

(1) L'Ancien (prononcer : Pouro), en romanée.

à leur groupe et murmura quelques mots, en romanée, tout en coulant un regard hostile à l'endroit de l'étranger. Le Puro la rabroua sans ménagement et se tourna vers Gilles :

– Excusez ma femme, monsieur Novak. Elle me reproche de vous avoir invité pour vous offrir un bien modeste repas...

– Qu'importe, c'est l'amitié du geste qui me touche et non pas le menu! plaisanta Gilles en ébouriffant les mèches brunes de la petite Miketa qui se tenait, timide, à ses côtés. Je vais cependant vous demander de m'excuser un moment : une course à faire aux Saintes et je serai de retour dans une demi-heure environ. Cela ira-t-il?

– Comme il vous plaira, monsieur Novak. Les journées sont déjà longues, en mai et nous ne mangeons pas très tôt...

***

Gilles Novak gara sa voiture sur la place, à proximité de l'imposante église-forteresse des Saintes, place envahie par les baraques de la fête foraine, complément profane des proches cérémonies religieuses des 24 et 25 mai. Par les étroites rues du village, Gilles alla faire quelques emplettes – un cageot de fruits, six bonnes bouteilles – sans oublier une ample provision de bonbons et chewing-gum pour les enfants.

Tout en rangeant ses achats dans le coffre de la Peugeot, il songeait avec un certain étonnement à l'invitation du vieux Yanko. Les Gitans, Tziganes et autres Roma, généralement, n'étaient point coutumiers du fait et évitaient de frayer avec les sédentaires, les *gadje*.

Le Puro avait-il deviné son secret?

Gilles eût préféré mieux connaître l'Ancien, attendre d'avoir été adopté par la tribu pour se dévoiler. Il songeait également à l'autre « facette » de son secret et à ses conséquences : quelles seraient les réactions de ces hommes s'ils apprenaient qu'il n'était point représentant de commerce mais journaliste? Verraient-ils en lui un indiscret ou le considéraient-ils comme un mouchard? Une telle alternative se solderait fatalement par son expulsion du campement!

Amorçant un virage serré, une Austin Métro verte vint stopper auprès de la 205. Gilles en vit jaillir une jeune femme blonde, élégamment vêtue d'un ensemble feuille morte, accompagnée d'une délicieuse bouffée de parfum Lumière de Rochas. A la vue du journaliste, elle pinça les lèvres, l'air mécontent, voire rancunier :

– Espèce de lâcheur! N'avions-nous pas rendez-vous chez moi, il y a huit jours? J'avais cru comprendre que tu aimais la cuisine chinoise et que... ma compagnie ne te déplaisait pas!

Embarrassé par cette rencontre inattendue, Gilles s'empêtra dans des explications confuses :

– Écoute, Régine, je... j'avais bien l'intention d'aller dîner chez toi mais, en prenant mon bain, je... j'ai eu un malaise et...

Elle haussa les épaules et leva les yeux au ciel, fataliste :

– Mon pauvre ami, ne te fatigue pas à débiter de pareilles sornettes en guise d'excuses. Tu m'as posé un lapin? Sans doute pour une jolie fille qui t'a fait oublier notre flirt à peine ébauché? Bah! Je suis réaliste et n'en ferai pas un drame. Oublions tout ça et restons bons copains. OK?

Gilles réprima un mouvement d'agacement devant ce septicisme : comment aurait-il pu espérer, d'ailleurs, faire admettre ce qui lui était réellement arrivé après ce malaise mystérieux? Il préféra adopter le même ton d'insouciance et feignit d'apprécier la largesse d'esprit de Régine :

– Je reconnais là ton caractère en or et te promets de t'expliquer, un jour, ce qui m'a *vraiment* empêché d'aller dîner chez toi... (Il accentua son sourire.). Mais que fait donc ici la truculente et néanmoins talentueuse Régine Véran? Serait-elle sur la piste d'une célébrité bigame fuyant ses foyers pour convoler avec des jumeaux... ou des jumelles? Ou bien Georges Marchais serait-il entré dans les Ordres aux Saintes-Maries-de-la-Mer?

– Ne dis donc pas de bêtises! J'ai laissé tomber mon canard à sensations-bidons pour accepter l'offre – fort alléchante – d'une agence de presse américaine. Je viens de signer un contrat et, pour commencer, on m'a envoyé aux Saintes pondre un *close up* (1) sur les gitans. Et, toi, tu fais toujours dans « l'étrange »?

– Plus que jamais. Je viens d'ailleurs de fonder *LEM* la revue de l'Étrange et du Mystérieux dans le Monde et... ailleurs sous l'égide de l'IMSA l'Institut Mondial des Sciences Avancées.

(1) Panorama d'ensemble sur un sujet (ou un lieu) déterminé.

– Bravo pour cette promotion. Ça s'arrose. Je t'offre un Pernod, proposa-t-elle d'un air bien trop détaché pour être honnête.

– Non, merci, Régine. Une autre fois... Au reste, je n'ai encore rien trouvé de sensationnel aux Saintes, et à vouloir me tirer les vers du nez, tu en serais pour tes frais!

– Mufle!

– C'est ça, mon lapin, défoule-toi! fit-il, railleur, en lui collant amicalement deux baisers sonores sur les joues avant de grimper dans sa voiture.

– Eh! Attends une minute! protesta la jeune femme en se penchant à la portière. Tous les hôtels sont complets. Où est-tu descendu?

– A la cloche de bois : je campe dans la nature, sous une tente monoplace, très inconfortable et hantée par les moustiques.

– Oh, mufle et goujat, avec ça! maugréa-t-elle, les poings sur les hanches, tandis qu'il démarrait.

***

Le vieux Yanko demeura un long moment silencieux à méditer sur le récit – apparemment extravagant – que venaient de lui faire Arminio et ses petits camarades. Il parcourut des yeux les membres de la tribu, assis autour de lui, non loin de sa roulotte. La plupart branlaient du chef, incrédules.

– J'ai dit la vérité, Puro, je le jure! protesta Arminio en crachant par terre, la main tendue, pour souligner son serment devant le scepticisme de l'Ancien.

– Tu as *cru* voir Sinpetra, mais tu ne l'as pas vu avec tes yeux, comme tu me vois.

L'enfant se mordilla les lèvres, désorienté, ne sachant quels mots employer pour convaincre le Conseil :

– Et Mario, Miketa et tous les autres, alors? Ils ont rêvé? Et puis, c'est qui, Sinpetra?

Le vieux fronça les sourcils :

– Arminio, tu ne sais réellement pas qui est..., qui était Sinpetra?

– Il a douze ans, Puro, rappela l'un des Tziganes, et les temps ont changé. Les gosses n'écoutent pas toujours les histoires qu'on raconte, le soir, à la veillée.

– Non, je ne sais pas, répondit franchement le garçonnet. Qui était Sinpetra?

– Fils, commença le Puro de sa voix rauque, le Suunto Sinpetra, nos frères d'aujourd'hui croient que c'est le Saint Pierre des chrétiens; mais les Anciens savent bien que, du temps de Porsaïda – le Premier Monde – Sinpetra était le chef des Horachai; ainsi appelait-on les peuples qui n'étaient pas de notre race. L'autre clan, dirigé par le Pharavono, était celui des Pharavunure dont nous sommes les descendants. Parmi les deux clans, les deux castes, qui se partageaient Porsaïda vivaient les Suunte, les hommes de Dieu... Le Vieux Dieu, notre Puro Del, auquel obéissaient aussi bien Sinpetra que Pharavono.

« Il y a longtemps, très très longtemps, un déluge a englouti Porsaïda, le Premier Monde et le Pvuv [1]

1. La terre (au masculin, en romanée). Se prononce aussi Pfuv ou Phu. (Pfouv, Phou).

fut secoué, des montagnes s'écroulèrent, le feu du ciel tomba sur le Pvuv. Certains en réchappèrent et commencèrent alors le long voyage que nous poursuivons, car nous, les Chaldérasha, nos frères les Manouche et tous ceux que les gadje appellent les Gitans, nous sommes les descendants de ces rescapés de Porsaïda, le Premier Monde.

« En ce temps-là, une guerre terrible éclata entre le peuple de Sinpetra et celui de Pharavono. Sinpetra lança sa foudre contre ses adversaires et le feu du ciel s'abattit sur eux, détruisant la grotte où ils s'étaient réfugiés; c'est alors que la mer en furie, le déluge, engloutit presque entièrement les deux clans. Nous sommes les fils de ces Pharavunure qui échappèrent au déluge. Sinpetra, lui, rassembla son Sunto Lumea – c'est-à-dire les survivants de son peuple – et les emmena dans l'autre Terre au-dessus des étoiles [1].

– Sinpetra, c'était alors le Vieux Dieu? s'enquit Arminio, un peu perdu au milieu de cette évocation des traditions ancestrales.

– Oui, le Vieux Dieu dont parle le *Sunto Lil*, notre bible tzigane, avec nos traditions sacrées..., secrètes et que l'on dit perdues, car personne, jamais, n'a pu affirmer avoir vu ce livre. Mais les Anciens savent qu'il existe, quelque part, on ne sait où. Un jour, pourtant, le *Sunto Lil* sera révélé et l'on saura, alors, que nos traditions disaient vrai.

Le Puro, après avoir médité un instant, fit approcher l'enfant et lui posa la main sur la tête :

– Fils, tu va oublier ce... ce que tu dis avoir vu.

1. Vieille légende tzigane.

N'en parle même pas aux phral [1] des autres tribus et moins encore aux gadje. Ils ne comprendraient pas, se moqueraient de toi, de nous et nous feraient des histoires.

– Je promets, Puro, de n'en parler à personne. Nous n'avons même pas dit un mot de cela au gadjo qui nous a ramenés ici.

– C'est bon, fils, va jouer avec tes camarades, conseilla le vieillard en invitant du geste les enfants à s'éloigner.

Avec l'insouciance de leur âge, les gosses s'égaillèrent en se bousculant cependant que l'Ancien enchaînait à l'intention du Conseil réuni autour de lui :

– Parlons un peu de ce gadjo : Gilles Novak. Vous n'avez rien dit quand je l'ai invité à partager notre repas, néanmoins, j'ai senti votre étonnement, votre désapprobation. Cet homme m'intrigue, phral. Il s'intéresse à nous, aux Pharavunure en général et je ne crois pas me tromper en disant qu'il nous aime fraternellement...

Il n'y eut point de protestation, mais les hommes hochèrent la tête, dubitatifs.

– Je sais ce que vous pensez, fit le vieillard en levant la main. Vous vous dites que c'est un gadjo et qu'il y a lieu de s'en défier. Soit, la prudence m'incite à vous approuver, cependant, j'ai l'intuition que ce gadjo, en fait, *est un Rom*, l'un des nôtres.

Les membres du Conseil considérèrent l'Ancien avec scepticisme, mais celui-ci passa outre, poursuivit :

1. Frères.

– Son nom – Novak – est indiscutablement originaire d'Europe centrale, sans doute de Hongrie. Et bien des Tziganes portent le nom de Novak – ou de Novaca, dans sa forme latinisée. Si je ne me trompe pas, si ce Rom a bien du sang tzigane dans les veines, il reste à savoir pourquoi il n'a pas cru devoir nous révéler son origine.

– Puro, tu as peut-être raison, tu as peut-être tort, déclara prudemment l'un des gitans. Mais il convient d'avoir l'œil sur lui. Rien ne nous dit qu'il n'est pas un gadjo s'intéressant à nous – Dieu sait pourquoi! – et capable, pour avoir étudié nos traditions, de se faire passer pour l'un des nôtres. Sa présence sur la route, juste au moment où les enfants ont vu..., ou cru voir cette apparition, ne m'inspire pas confiance.

– Fils, soyez vigilants, d'accord, approuva le vieillard, mais agissez envers cet homme comme envers un ami. Si j'ai vu juste, il nous ouvrira son cœur..., un jour. Si je me suis trompé, il finira bien par se trahir et nous serons alors en droit de le chasser.

– Puro, s'enquit un autre, ne crois-tu pas que nous ferions bien en allant fouiller le coin où les gosses disent avoir vu ce..., enfin, cette apparition?

Le vieillard secoua la tête :

– Non, phral. S'ils ont inventé cette histoire ou s'ils ont été victimes d'une hallucination, cela ne servirait à rien d'inspecter la région. Si, en revanche – mais je ne le crois guère – Sinpetra leur a apparu, il se manifestera peut-être de nouveau, d'une autre manière, à d'autres Roma.

– Puro, tu crois sincèrement que c'est possible? s'étonna le plus jeune membre du Conseil. Sinpetra pourrait apparaître, comme ça, en planant dans l'air, au-dessus d'un buisson?

Yanko arrondit les épaules, écarta les mains dans une attitude fataliste et soupira :

– Eh! Qui peut dire ce qui est possible ou ne l'est pas, dans ce domaine? Les gadje ont eu bien des apparitions à Lourdes, à Fatima, à Lisieux et jusqu'à Saint-Pierre-de-Rome, en 1950. Pourquoi pas nous?

Les membres du Conseil s'entre-regardèrent, mal à l'aise, étreints par une vague crainte superstitieuse devant le ton pensif avec lequel le Puro avait hasardé cette hypothèse.

***

Gilles Novak négocia le grand virage de la Nationale 570 à vive allure, car il craignait d'avoir été singulièrement retardé par le bavardage – et les verbiages! – de sa consœur journaliste. A présent, non loin du campement, il allait emprunter le prochain chemin sur sa droite lorsque, brusquement, il ralentit : à 200 mètres devant lui, deux hommes entraînaient de force une jeune femme qui se débattait. Vêtue d'une ample jupe à fleurs, d'un chemisier vert et un foulard noué autour du cou, il s'agissait d'une jeune gitane que les inconnus forçaient maintenant à entrer dans leur voiture. L'un des agresseurs jeta sur le siège la mallette et le sac de plage arrachés à la jeune fille pour se mettre aussitôt au volant; l'autre, après avoir violemment souffleté la gitane, la poussa sur le siège arrière et referma la portière cependant que l'auto – une Fiat

Panda – démarrait sur les chapeaux de roues.

Gilles appuya sur le champignon, donna deux coups de klaxon et, serrant solidement le volant, alla délibérément percuter l'arrière de la Fiat. Sous la violence du choc, celle-ci fit une embardée; déportée sur le côté droit de la route, elle alla buter contre le talus.

Le journaliste sortit précipitamment; l'homme installé à l'arrière avec la jeune femme en avait fait autant et braquait sur lui un Colt. Au moment où il allait presser sur la détente, un objet, lancé de l'intérieur de la voiture par la jeune femme, l'atteignit à la joue et fit dévier son tir. La balle miaula aux oreilles de Gilles qui plongea dans les jambes du tireur et l'entraîna au sol dans sa chute.

Le chauffeur, courbé sur son volant, avait perdu connaissance. Tandis que les deux hommes luttaient, cherchaient à se porter une prise meurtrière, la gitane quitta la Fiat en claudiquant, alla ramasser sa chaussure – lancée avec beaucoup d'adresse sur son agresseur – et revint auprès des deux hommes qui luttaient avec une énergie farouche. Sa chaussure à talon-aiguille à la main, elle hésitait, attendant le moment propice pour frapper l'adversaire, craignant cependant de blesser l'automobiliste venu courageusement lui porter secours.

Suffoquant à demi sous les doigts qui crochetaient sa gorge, Gilles sembla mollir, mais il s'agissait d'une feinte. Couché sous l'inconnu, il écarta les bras et abattit brutalement le tranchant de ses mains au-dessus des hanches de l'assaillant qui, le souffle coupé, relâcha son étreinte. La jeune femme sut profiter de cet instant de défaillance de l'adversaire et, de toutes ses forces, assena sur son crâne un coup de talon! L'homme poussa un rugissement de douleur et se tordit sur le sol cependant que Gilles ramassait son Colt et reculait d'un pas, sur le qui-vive.

– Félicitations! souffla-t-il. Vous avez un solide crochet de la tatane!

La jeune femme ne l'écoutait pas. Elle avait couru vers la Fiat pour fouiller le conducteur inanimé et revenait avec un Mauser 9 mm qu'elle prit par le canon pour assommer complètement l'homme qui râlait à terre.

– Eh! Là! Vous n'allez pas l'achever?

– Non. Bien qu'avec son complice il ne vaille pas cher, fit-elle en fouillant soigneusement l'inconnu.

Elle ne parut pas s'intéresser à ses papiers, confisqua l'argent, replaça le portefeuille et les menus objets inventoriés dans ses poches.

– Aidez-moi à le caser dans la voiture, voulez-vous?

Passablement déconcerté par cette demande, Gilles accepta pourtant et traîna l'inconnu jusqu'à la Fiat où il l'étendit sur le tapis, à l'arrière. La Tzigane, pendant ce temps, fouillait dans la boîte à gants et sous les sièges.

– Ils vous ont dérobé quelque chose?

– Oui... Non, dit-elle distraitement, sans réaliser la contradiction de sa réponse laconique.

Elle dégagea de dessous le siège avant, une mallette assez défraîchie et un sac de plage qu'elle montra à Gilles, en guise d'explication. Posant la mallette sur le capot, elle l'entrouvrit, comme pour cacher au journaliste son contenu tandis qu'elle cherchait à tâtons. Elle referma le couvercle, dissimulant dans sa main une petite boîte noire et sourit :

– Il serait peut-être temps de vous dire merci... Je m'appelle Stoïka.

– Ravi de vous connaître, Stoïka. Gilles Novak, représentant de commerce... Pour vous servir, plaisanta-t-il.

– C'est déjà fait, et avec quel brio! rit-elle en remettant un peu d'ordre dans sa chevelure et en époussetant les larges plis de sa robe à fleurs traditionnelle.

Gilles nota qu'elle était jolie. Vingt-cinq ans environ, de grands yeux, aussi noirs que sa chevelure, une bouche sensuelle, un teint cuivré et des seins sur lesquels il préféra ne pas attarder ses regards!

Une voiture passa à vive allure, son conducteur ne jetant qu'un coup d'œil distrait à cette Romanichelle et à cet homme en train de bavarder en souriant devant une Fiat coincée contre le talus : un accident sans gravité, assurément, dut-il conclure!

– Bon, que fait-on, Stoïka? s'enquit le journaliste. Puis-je vous raccompagner, vous déposer quelque part?

Elle le regardait soudain avec une attention soutenue, scrutant son visage avec un intérêt mêlé d'étonnement puis déclara, d'un ton neutre, sans cesser de l'observer :

– Le ciel nous réserve parfois des surprises.

Gilles Novak ne sut pas très bien comment interpréter cette phrase; s'agissait-t-il d'une boutade masquant une méfiance à l'égard de sa proposition, pourtant sans équivoque?

Stoïka dissimula une fugitive impression de contrariété, de surprise peut-être qu'il ne sut pas davantage interpréter puis elle sourit, d'un sourire un peu forcé.

– Je cherche le campement d'un vieux Tzigane du nom de Yanko. Je... Je doute que vous puissiez m'y conduire...

– Détrompez-vous. Sans cet intermède « charmant » qui m'a permis de vous rencontrer, je serais en train de partager son repas.

Contrairement à ce qu'il s'attendait, la jeune femme ne fut pas surprise. Du moins, pas immédiatement; ce n'est qu'à contretemps qu'elle manifesta de l'incrédulité, avec une pointe d'humour.

– C'est pas vrai?

– Tout ce qu'il y a de plus vrai, sourit-il, en entrant dans le jeu non sans se demander à quoi pouvait bien rimer l'attitude bizarre de Stoïka.

– Vous êtes la Providence, Gilles! En fuyant ces gredins que j'ai eu tort de suivre en faisant de l'auto-stop, je tombe sur un valeureux chevalier prêt à voler au secours de l'opprimée et, qui plus est, ami de mon parrain Yanko!

– Merci pour le « valeureux chevalier », Stoïka, et allons retrouver votre parrain. Au fait, que fait-on de vos agresseurs?

Elle haussa les épaules, alla refermer sans douceur la portière arrière de la Fiat et retourna auprès de lui :

– On les laisse où ils sont. Vous venez?

Le journaliste la considérait, perplexe, embarrassé, même, par le geste qu'il venait de surprendre chez elle : sous le prétexte de refermer la portière du véhicule, Stoïka avait discrètement – pas tout à fait discrètement, pourtant – jeté à l'intérieur la petite boîte noire retirée de sa mallette.

Que pouvait bien dissimuler cette boîte?

Il en eut l'explication une minute plus tard lorsque, roulant déjà à 500 mètres du lieu de leur rencontre, il vit dans son rétroviseur une aveuglante lueur verte jaillir de la Fiat Panda qui fut transformée en une sphère incandescente!

Le fracas d'une assourdissante explosion leur parvint, avec un léger décalage, tandis que le souffle de la déflagration secouait la 205 GT...

CHAPITRE II

Stupéfait, le journaliste ralentit, avec l'intention de faire demi-tour, mais la jeune gitane posa sa main sur son bras.

– Non, Gilles, ne retournez pas là-bas! Il ne faut pas qu'on me..., qu'on nous trouve auprès de cette voiture incendiée.

Il obéit à contrecœur et grommela :

– Vous ne pensez pas que vous me devez une petite explication, Stoïka? Tout à l'heure, quand vous avez refermé la portière de la Fiat, je vous ai vue jeter à l'intérieur une sorte de boîte noire que vous veniez de retirer de votre mallette. Ce geste m'avait intrigué, mais j'étais loin d'imaginer qu'il s'agissait d'une micro-bombe incendiaire!

– Vous voilà donc renseigné, conclut-elle sans se départir de son calme.

– Ah non! Ce serait trop facile! Pourquoi avez-vous délibérément tué ces deux hommes qui ont tenté de vous enlever?

Elle le dévisagea longuement, observa son profil, pendant qu'il conduisait.

– Avez-vous l'intention de me dénoncer à la police?

– En pareille circonstance, n'est-ce pas ce que n'importe qui devrait faire?

– Vous n'êtes pas *n'importe qui,* Gilles... Et vous savez parfaitement ce que j'entends par-là.

– Non, pas très bien.

De nouveau, la gitane l'observa, nota son expression perplexe assurément sincère et biaisa :

– Soit, nous reparlerons de cela plus tard. Vous n'avez pas répondu à ma question : allez-vous me livrer à la police?

– Non, finit-il par répondre. Tout cela est tellement étrange. Et puis, votre comportement ne correspond pas à celui d'une criminelle... Du moins, d'une criminelle ordinaire.

– Merci du distinguo!

La voiture, qui s'était engagée dans le chemin menant aux Arnelles, arrivait en vue du campement de Yanko. La nuit était tombée et, autour d'un feu où cuisait un mouton, les Roma rassemblés tournèrent la tête vers la 205 d'où descendaient Gilles Novak et Stoïka. Reconnaissant en cette dernière l'une des leurs, le vieux chef Chaldérash et ses hommes ne laissèrent point d'être surpris.

La jeune femme s'approcha du vieillard et s'adressa à lui en langue romanée :

– Je suis Stoïka, la petite-fille de ton vieil ami Shmolo que tu as sauvé un jour d'hiver, en 1956, à Budapest.

De son corsage de soie verte, elle retira une médaille pendue à une chaînette d'or et la lui montra :

– Puro, vois cette médaille. Tu la reconnais?

Le vieux Tzigane contempla l'effigie de la Vierge

Noire de Kazan et, les yeux embués de larmes, il embrassa avec tendresse la jeune femme :

– Stoïka! Toi, ici... Shmolo! Mon vieux phral Shmolo, ton grand-père! Quel bonheur, fille, que tu sois parmi nous!

Avec des mots hachés, d'une voix enrouée par l'émotion, il entreprit de conter à la tribu la vieille amitié qui le liait au grand-père de la jeune fille. Il s'interrompit, sembla se souvenir enfin de la présence de Gilles Novak et vint à lui, avec un bon sourire dans sa face ridée toute mangée de barbe :

– Excusez-moi, M. Novak. Ces souvenirs lointains qui revivent en ma mémoire m'ont fait oublier votre...

– Ne vous excusez pas, Puro. Ces retrouvailles sont effectivement très émouvantes et je remercie le hasard de m'avoir... mis sur le chemin de Stoïka, ce qui explique mon retard. Je vous demande encore une minute, fit-il en allant retirer du coffre de sa voiture le cageot de fruits, les bonbons et la caisse de bouteilles dont deux avaient été brisées dans le télescopage avec la Fiat.

Lorsqu'il revint, aidé par deux hommes pour transporter sa petite participation aux agapes du camp, Yanko posa ses mains sur ses épaules :

– Ce n'est pas le hasard, M. Novak, qui vous a conduit vers nous, c'est la Providence. Par deux fois, votre présence nous a été bénéfique; la première en ranimant la petite Miketa qui s'était évanouie en tombant, la seconde... en faisant fuir les deux bandits qui attaquaient Stoïka. Oui, elle vient de me raconter votre courageuse conduite.

– Ne parlons plus de cela, Puro. Et dépêchez-vous de cacher ces sacs de bonbons si vous ne voulez pas que les enfants en fassent leur dîner! rit-il devant l'attroupement des gosses dépenaillés qui, la morve au nez, se bousculaient autour du carton rempli de sachets aux rubans multicolores.

Du pernod fut servi en apéritif puis le repas se déroula dans la bonne humeur. On fit honneur aux excellentes bouteilles apportées par Gilles Novak; gagnant la sympathie de chacun, celui-ci avait été adopté par la tribu. Le vieux Yanko l'avait placé à sa droite et à sa gauche s'était assise Stoïka qui bavardait avec l'épouse de l'Ancien.

– Il est bien tard et vous aurez du mal, avec la foule des touristes, à trouver une chambre aux Saintes, M. Novak.

– C'est probable, Puro mais j'espère en trouver une à Port-Saint-Louis-du-Rhône.

– Il y a du monde, beaucoup de monde là-bas aussi et vous serez forcé, je le crains, d'aller jusqu'à Istres. A moins que vous n'acceptiez notre hospitalité : la roulotte de Julio est vide, cette nuit. Il ne rentrera que demain; et demain, vous aurez le temps de chercher un toit. Qu'en dites-vous, M. Novak?

– J'accepte volontiers, Puro, mais de grâce, cessez de me donner du « Monsieur » à tout bout de champ! Vous m'avez fait l'amitié de m'accueillir non pas comme un gadjo, mais comme l'un des vôtres. Traitez-moi donc en phral.

Le vieillard scruta son visage en souriant :

– Vous parlez le romanée, Gilles?

– Quelques mots seulement. J'ai eu plus d'un ami parmi les Chaldérasha et les Manouche, lors de divers séjours aux Saintes. J'espère d'ailleurs les retrouver, les revoir d'ici à quelques jours, lors du pèlerinage.

Par discrétion, le Puro évita de lui poser d'autres questions; comprenant qu'il ne souhaitait pas s'étendre sur ce sujet, cela pour des raisons qui échappaient au vieillard.

Ils bavardèrent de choses et d'autres pendant une bonne heure encore et, peu à peu, les Tziganes regagnèrent leurs roulottes ou leurs tentes. Yanko montra à Gilles la roulotte où il pourrait passer la nuit tandis que Stoïka prenait congé d'eux pour aller dormir chez une vieille femme, à l'autre bout du campement.

Le journaliste transporta sa valise dans la roulotte, propre et assez confortable et, prenant un bloc-notes, il commença à consigner par écrit les singuliers événements de la journée, s'arrêtant parfois pour réfléchir à leur enchaînement bizarre. Il rangea ensuite le bloc-notes dans sa valise et, après un coup d'œil à sa montre, décida d'aller fumer dehors une dernière cigarette avant de se coucher. Il s'aperçut alors que son étui était vide. Un paquet restant en permanence dans la boîte à gants de sa voiture, il décida d'aller le chercher.

Évitant de faire du bruit pour ne pas troubler le repos de ses nouveaux amis, il traversa le campement et arriva enfin à sa 205 dont il n'avait pas fermé les portières à clé. Il prit le paquet de M.S. et ses doigts rencontrèrent alors la crosse froide du Colt « confisqué » à l'un des agresseurs de Stoïka. Il le glissa dans sa ceinture, se promettant de l'enfouir dans sa valise pour ne point le laisser traîner dans sa boîte à gants.

Sur le point de ressortir, il remarqua, dépassant de dessous le siège gauche, la petite mallette de Stoïka. Pourquoi l'avait-elle laissée là! Il réfléchit, se souvint alors d'avoir vu Stoïka regagner la roulotte de la vieille gitane avec sa malette et son sac de plage. Pour quelle raison avait-elle donc ramené cette mallette dans sa voiture?

Perplexe, il en oubliait d'allumer sa cigarette collée aux lèvres, résistant à l'envie d'ouvrir la petite valise pour en inventorier le contenu. Sa curiosité l'emporta et il la posa sur le siège avec l'intention de faire jouer les deux fermoirs, mais, au moment de l'ouvrir, il aperçut une silhouette qui, marchant au milieu du campement, se découpait sur les dernières lueurs du feu. Le journaliste replaça vivement la mallette où il l'avait prise; ne pouvant ressortir de la voiture sans trahir sa présence, il enjamba le dossier du siège et s'allongea à plat ventre sur le tapis de sol, à l'arrière.

Les pas se rapprochèrent et l'on ouvrit la portière avant. « On » débloqua le frein et « on » poussa lentement la voiture sur le chemin en pente. Gilles se félicitait d'avoir laissé la clé de contact sur le tableau de bord! Cet oubli ne tarderait pas à lui permettre de découvrir pourquoi l'un des membres de la tribu « empruntait » sa Peugeot.

Assis au volant, l'inconnu avait refermé la portière et attendait d'avoir atteint la route perpendiculaire au petit chemin pour lancer le moteur. Un léger cahot, un virage et le moteur ronronna, partit au quart de tour cependant que la voiture cessait de tanguer sur le mauvais chemin pour s'engager sur la route goudronnée.

Avec précaution, le journaliste se recroquevilla derrière le siège du conducteur et leva les yeux. Interdit, il reconnut d'abord une chevelure féminine, ensuite le foulard de soie de Stoïka. Ainsi donc, c'était elle. Mais pourquoi cette sortie discrète au volant de sa voiture, au milieu de la nuit? L'équipée de la soirée revint à sa mémoire : l'enlèvement de la jeune femme et la façon, peu orthodoxe, dont elle s'était débarrassée de ses agresseurs en incendiant leur véhicule. Quelle nouvelle « action d'éclat » cette curieuse Tzigane préparait-elle encore?

Se cramponnant au siège arrière, à chaque virage que la jeune femme négociait à la façon d'un « cascadeur », Gilles trouvait sa position des plus inconfortables, mais il ne pouvait espérer percer le secret de Stoïka en révélant prématurément sa présence et se devait, bon gré mal gré, de rester accroupi sur le tapis de sol. La 205, roulant depuis plus d'une heure à grande vitesse, ralentit enfin pour aborder un chemin caillouteux qui arracha une grimace au journaliste. La nuit était claire et la lune jetait des taches de lumière qui semblaient danser sur Gilles au rythme des cahots.

La voiture stoppa enfin et Stoïka s'étira, poussa un long soupir avant d'allumer une M.S. Gilles aussi, avait envie de fumer, mais il se garda de céder à la tentation tout en se demandant pourquoi la jeune femme tardait à quitter le véhicule. Il l'entendit fouiller dans sa mallette et, tournant prudemment la tête, la vit élever dans le rayon de lune pénétrant par la vitre droite un gros chronographe aux chiffres lumineux. Ayant lu l'heure, la jeune fille la fixa à son poignet. Le perplexité du journaliste s'accentua : le geste de Stoïka pour placer le chrono dans la lumière lui avait permis de reconnaître un Breitling Navitimer à quartz, modèle Jupiter 2300, un instrument de haute précision à lunette tournante, capable d'effectuer des opérations complexes et en usage chez les pilotes d'avions mais aussi chez les cosmonautes!

Soudain, le journaliste tressaillit : deux silhouettes sombres venaient d'apparaître à l'arrière de sa voiture. Apparition fugitive, car les ombres s'effacèrent pour reparaître, cette fois, de part et d'autre du véhicule. Brusquement, les inconnus ouvrirent chacun une portière et, dans une langue qu'il ne comprit pas, Gilles entendit l'un des hommes donner un ordre bref à Stoïka. Celle-ci étouffa un cri et, après une hésitation, elle sortit. Du moins, essayant une feinte, elle voulut se rejeter en arrière et refermer la portière. Gilles entendit le bruit sec d'une claque magistrale qui arracha un gémissement à la jeune fille. Les dents soudées de rage, il se força au calme, conscient qu'une intervention immédiate ne servirait à rien, sinon à le faire tomber lui aussi aux mains des adversaires de Stoïka.

Qui pouvait bien être cette mystérieuse gitane pour avoir de tels ennemis, acharnés à s'emparer d'elle? Le journalisme envisagea un instant une sombre affaire d'espionnage, mais rejeta finalement cette hypothèse. Il s'agissait, il le sentait confusément, de tout autre chose, quelque chose d'infiniment plus grave, à tout le moins de beaucoup plus inhabituel qu'une rivalité entre agents secrets.

Gilles se redressa lentement, vit les trois silhouettes s'éloigner et, enjambant le dossier du siège avant, il quitta la Peugeot par la portière restée ouverte afin de ne faire aucun bruit. Retirant de sa ceinture le Colt qu'il y avait glissé, il suivit le trio tout en promenant autour de lui des regards circonspects et intrigués à la fois. Un paysage sinistre, une sorte de petite vallée avec, ça et là, des roches escarpées, torturées, des falaises abruptes où l'on devinait, par endroits, l'orifice sombre d'une caverne. Une végétation rabougrie mais, parfois, la bonne odeur des pins qu'un vent léger amenait jusqu'à lui.

Le trio venait de disparaître derrière un rocher. Gilles marcha plus vite puis courut, le plus silencieusement possible, en entendant un cri déchirant poussé par Stoïka. Il fit jouer la culasse du Colt, engagea une balle dans le canon, le pouce sur le chien extérieur, prêt à tirer. Il se plaqua contre le rocher, le contourna prudemment et resta pantois, incrédule : la jeune femme se débattait avec la dernière énergie pour résister à ses agresseurs qui tentaient de la faire pénétrer dans un étrange appareil, haut de trois mètres à peine, de forme ovoïde, dont le métal poli brillait sous la lune. Une écoutille rectangulaire s'ouvrait à la base de l'engin posé sur trois béquilles à patins articulés.

Le journaliste quitta le rocher en lançant d'une voix rageuse :

– Lâchez cette femme ou je vous abats!

Les deux hommes firent volte-face et lâchèrent Stoïka pour porter la main sous leur aisselle.

Affolée, la jeune femme jeta un cri en reconnaissant le journaliste :

– Tire! Ils sont sans pitié!

Par deux fois, Gilles pressa sur la détente avant même que les inconnus aient pu dégainer leurs armes. Les détonations se répercutèrent en échos assourdissants dans ce cirque de roc. Stoïka courut vers lui et, d'un geste brusque, lui arracha le Colt qu'elle retourna aussitôt sur les blessés qui cherchaient à se relever. Elle visa la tête, tira : l'un des deux hommes était parvenu à sortir de son holster un Mauser qu'il brandissait vers eux. La balle l'atteignit au front et il fut rejeté en arrière comme sous l'effet d'un coup de pied cependant que son compagnon s'écroulait sur lui, foudroyé par le projectile qui venait de pénétrer dans sa tempe droite.

Stoïka laissa retomber sa main armée et leva vers Gilles un visage portant encore les marques de l'angoisse :

– Merci, Gilles. C'est la deuxième fois en quelques heures que tu... vous me tirez des griffes de... cette bande d'assassins.

Il la prit par les épaules et essaya de maîtriser son émotion :

– Deux fois en si peu de temps, c'est beaucoup, tu ne trouves pas?

Unis dans le danger, le tutoiement était venu spontanément. Il enchaîna :

– Que te voulaient-ils, ces... tueurs? Dans quelle étrange histoire t'es-tu fourvoyée?

Elle laissa aller sa tête contre son épaule et murmura :

– Plus tard, Gilles. Tu as le droit de savoir, mais plus tard. Ne me pose pas de question et... laisse-moi seule.

– Seule, *ici?*... Au fait, où sommes-nous?

– Aux Baux en Provence, dans le Val d'Enfer.

– Un coin qui mérite bien son nom! Et que venais-tu y faire, au volant de ma voiture?

Elle lui répondit par une autre question :

– Et comment as-tu fait, toi, pour deviner mon intention de te l'emprunter?

– Je n'ai rien deviné du tout. Ayant terminé mon paquet de cigarettes, j'ai décidé d'aller chercher celui que je conserve en pareil cas dans ma boîte à gants. Une silhouette traversait le campement, marchait vers ma voiture. Je me suis caché à l'arrière, sur le tapis de sol. Tu connais la suite. En revanche, la suite à partir de maintenant, c'est toi qui vas me l'apprendre, fit-il en retirant de ses doigts le Colt qu'elle avait conservé.

Il replaça l'arme dans sa ceinture et saisit le poignet de la jeune fille pour examiner le gros et luxueux chronographe qu'elle portait.

– Je ne m'étais pas trompé : c'est bien un Navitimer Jupiter 2300 à deux fuseaux horaires, avec division de l'heure en centièmes et doté de multiples fonctions! Une merveille de l'horlogerie suisse, ce Breitling et je le verrais davantage au poignet d'un pilote de jet ou d'un cosmonaute qu'à celui d'une femme.

– Tout dépend de la femme qui le porte, fit-elle en haussant les épaules.

Il la fixa dans les yeux, de plus en plus intrigué :

– Et tu as souvent besoin, avec ce chronographe, d'effectuer des calculs logarithmiques, des évaluations de consommation de carburant, des conversions de miles en kilomètres et autres opérations propres au personnel navigant des compagnies aériennes?

Elle regretta de s'être laissée aller à se réfugier dans ses bras et s'écarta en bougonnant :

– C'est... c'est un cadeau. Et puis, Gilles, le moment est mal choisi pour bavarder de tout cela. Veux-tu me laisser seule? Maintenant, je te l'assure, je ne crains plus rien. Reprends ta voiture et, demain, nous nous reverrons au campement de Yanko.

Il coula un regard mitigé vers le singulier appareil ovoïde au pied duquel gisaient les deux cadavres et s'inquiéta :

– Tu es sûre que ces individus n'avaient pas un complice, à bord de ce... bizarre taxi?

– Oui, Gilles. C'est un bi-place. Quant à la petite soute, elle est verrouillée et ne peut s'ouvrir que de l'extérieur.

– Tiens, tiens! Tu parles de cet œuf de métal comme s'il s'agissait d'une banale deux chevaux!

Elle le considéra, ironique et répondit en employant cette fois le romanée :

– Et toi, tu fais un bien curieux représentant de commerce... Et même un curieux gadjo!

– Soit, je comprends le romanée. Et après, est-ce incompatible avec la profession de représentant?

– Pas obligatoirement, mais pourquoi caches-tu à nos phral que tu es toi-même un Rom, un descendant des tribus tziganes de Hongrie où ton père vivait, avant d'avoir péri dans un goulag, après l'insurrection anti-soviétique en 1956?

Le visage du journaliste se durcit à l'évocation de ce drame atroce.

– C'est vrai, Stoïka, je suis un Rom, nous appartenons à la même race. Et si j'ai peu connu mon père, les gadje qui m'ont élevé m'apprirent comment il avait fini, avec les siens, massacré par les Russes. Mais toi, tu es une romanée... pas comme les autres. Qui es-tu?

Il sentit la confidence au bord de ses lèvres, mais elle se ressaisit et consulta son Navitimer :

– Il faut me laisser, Gilles, je dois...

Elle porta vivement sa main au pendentif d'or suspendu à une chaînette sur sa poitrine et, après une hésitation, s'éloigna du journaliste et plaça le bijou tout contre son oreille. Peu soucieux d'être indiscret, Gilles s'approcha, la vit pâlir, faire un signe d'acquiescement machinal de la tête avant de porter le pendentif devant sa bouche en prononçant une phrase dans une langue incompréhensible pour lui. Elle exerça une légère pression sur le côté du bijou et le laissa retomber sur sa poitrine :

– Gilles, les circonstances t'ont fait découvrir prématurément certains... événements. Je ne puis t'expliquer ce que tu ne comprends pas encore... Malgré cela, veux-tu m'aider?

– Crois-tu que c'est par simple désœuvrement que je t'ai suivie – si l'on peut dire – jusqu'ici? Quelles consignes as-tu reçues par ce micro-émetteur-récepteur dissimulé dans ce pendentif?

– Nous... devons charger ces deux cadavres dans l'appareil ovoïde. Le reste me regarde.

– Bon, au travail, décréta-t-il en marchant vers l'engin d'un pas décidé.

Stoïka arracha à l'un des cadavres le Mauser qu'il

tenait encore dans ses doigts crispés et aida le journaliste à les hisser l'un après l'autre dans l'étroit habitacle de l'appareil. Le tableau de commandes de celui-ci ressemblait assez à celui d'un hélicoptère, à la différence près que les instruments de bord portaient des signes, des caractères totalement inintelligibles.

Lorsque cette corvée fut accomplie, Stoïka invita son ami à l'attendre un moment et elle se dirigea vers la 205. Elle fouilla dans sa mallette et revint munie d'un cylindre gris mat, long de quarante centimètres. Elle souleva une plaquette à l'une de ses extrémités, régla deux boutons et déposa l'objet entre les deux cadavres. La jeune femme se pencha ensuite sur le tableau de bord, libéra une manette, fit courir un curseur dans un alvéole et repoussa un contacteur.

Un léger ronronnement se fit entendre et, sur un cadran, une lueur rouge pulsa.

– Éloignons-nous, conseilla-t-elle en refermant l'écoutille qui reprit sa place avec un petit claquement sec.

Elle pressa le poussoir supérieur de son chrono et entraîna Gilles vers la voiture.

L'appareil ovoïde s'élevait avec un faible ronronnement. Il prit de la vitesse et fonça dans le ciel presque à la verticale. Il ne fut bientôt plus qu'un point brillant diminuant d'intensité pour se confondre avec les étoiles.

Stoïka éclaira les phares de la Peugeot et manipula la lunette extérieure de son Breitling pour se livrer à de mystérieux calculs, après quoi, elle éteignit les phares et déclara :

– Voilà, dans sept minutes cinquante-trois secondes, tu pourras lever les yeux et assister à un beau feu d'artif...

Une fantastique lueur éclatant dans l'espace lui coupa la parole. Tous deux avaient levé les yeux, interdits, pour contempler l'immense rosace d'un pourpre violacé qui venait d'embraser la nuit et se diluait rapidement.

– Ou bien tu as commis une erreur de calcul, ou...

– Non, Gilles, c'est impossible. Cette explosion prématurée n'a pas de sens...

Elle pâlit soudain et s'écria :

– Ou plutôt, si! *Les autres* ont dû éventer le piège et...

– Quels *autres?* Tu parles par énigmes, Stoïka, c'est énervant, à la fin!

– J'entendais par-là des complices de mes... agresseurs.

– Mais qui sont... Qui étaient ces hommes?

Elle hésitait, partagée entre le désir de tout lui avouer et celui, antagoniste, de respecter une sévère consigne de silence.

– Des... sortes de prêtres, Gilles.

– Des prêtres? répéta-t-il, abasourdi. Des prêtres qui cherchent à kidnapper une jeune fille, qui la brutalisent, se servent de Colt et de Mauser en guise de bréviaire et de crucifix? Tu divagues, ma petite Stoïka!

– J'ai dit des *sortes de prêtres* et non pas des ecclésiastiques dans le sens où tu entends ce terme. Sans entrer dans les détails, je puis simplement te dire qu'il s'agit plus exactement de... laïcs jouant le rôle de miliciens, bras séculier au service d'un clergé très spécial dont tu ne peux imaginer les règles ni la mystique.

Il la contempla avec effarement :

– Veux-tu dire qu'il s'agit là d'une religion, d'un clergé *extra-terrestres*? Dois-je comprendre que, toi aussi, tu es...

– Non, Gilles, je suis réellement la petite-fille de Shmolo, le vieil ami du Puro Yanko et je suis une Terrienne. Mais... il est des choses que je sais – *que tu aurais dû savoir depuis une semaine, sans un fâcheux contretemps* – et que tu apprendras d'ici peu.

Elle fit une pause avant d'enchaîner :

– Gilles, avoue-le donc : cette idée d'une interaction entre des Extra-terrestres et nous ne peut absolument pas te paraître extravagante. Pas à toi qui t'es fait un nom dans tout ce qui est étrange.

– Ainsi donc, tu savais?

– Oui; tu n'es pas plus représentant de commerce que moi je ne suis Miss Univers!

Il détailla sans vergogne sa silhouette gracieuse, les formes que moulait le léger tissu de son chemisier et plaisanta :

– Je ne suis pas représentant de commerce, mais tu pourrais fort bien concourir pour le titre de Miss Univers!

Elle secoua ses mèches brunes en riant :

– Merci du compliment, Gilles, mais ce n'est pas le moment d'être fleur bleue. J'ai bien trop de problèmes actuellement pour ajouter celui d'une rivalité avec la capiteuse Régine Véran, ta collègue journaliste.

– Ah ça! Mais tu m'espionnes! Comment peux-tu savoir que Régine et moi...

– ... Avez un flirt sans importance? compléta-t-elle. Ou qui aurait pu être plus poussé si tu t'étais rendu au rendez-vous convenu, la semaine dernière à Paris. Je le sais, cela doit te suffire pour l'instant.

– Ça, c'est inouï! s'exclama-t-il. Voilà huit jours, en effet, que je me pose des questions sur ce qui a bien pu m'arriver, ce soir-là! J'avais, c'est exact, un rendez-vous à vingt heures avec Régine, chez elle et, vers dix-neuf heures, alors que je prenais mon bain, j'ai eu subitement une forte migraine. C'est tout ce dont je me souviens. Lorsque je me suis réveillé, je n'étais plus dans la baignoire, mais dans mon lit, et il faisait grand jour! Comment ai-je pu quitter la baignoire m'essuyer, me coucher et m'endormir en oubliant mon rendez-vous, cela reste pour moi un véritable casse-tête! Encore heureux, que machinalement, j'ai eu le réflexe de fermer le robinet de la baignoire, sans cela, mon appartement aurait été inondé!

– C'est moi, Gilles, qui ai fermé le robinet, avoua-t-elle en gardant à grand-peine son sérieux devant sa mine ahurie.

– Ça, c'est...

– Inouï?

– Oui, c'est ce que j'allais dire! fit-il, vexé. Mais comment as-tu pu me... tirer de la baignoire pour... Et pourquoi, cette comédie?

– Je n'étais pas seule. Deux... amis m'accompagnaient qui se sont chargés de te transporter sur ton lit.

– Effarant! Mais pourquoi? *Pourquoi?*

– Nous avons tenté sur toi une... expérience de conditionnement psychique, mais cela n'a pas marché. Du moins, pas complètement. C'est la raison pour laquelle, si tu es bien venu aux Saintes, obéissant ainsi à une suggestion post-hypnotique, tu n'as pas répondu comme il convenait à la phrase de reconnaissance que j'ai prononcée devant toi, après l'incident de mon kidnapping, sur la route.

Il réfléchit et son visage s'éclaira soudain :

– *Le ciel nous réserve parfois des surprises?*

– C'est cela. Cette phrase t'a étonné, certes, mais tu n'y as pas répondu par l'autre phrase convenue : *Ces surprises ne sont pas toutes désagréables.* En restant muet, j'ai compris que quelque chose avait dû clocher lors du conditionnement que nous t'avons fait subir, chez toi.

Gilles ne savait pas trop comment il devait réagir devant cet aveu du viol de sa personnalité. Stoïka devina son trouble :

– Rassure-toi, Gilles, il ne s'agissait pas d'une chose susceptible d'aller à l'encontre de tes conceptions, de ton mental évolué ou capable de révolter ta conscience. Ce traitement, je l'ai subi, on me l'a révélé après coup, tout comme nous te l'aurions révélé si le... résultat avait été positif. Malheureusement, il fut négatif et tout est à refaire, cette fois avec ton consentement plein et entier.

– Vous vouliez me « conditionner », dis-tu? Qui, *vous?* Et de quel type de conditionnement s'agissait-il?

Stoïka porta vivement la main à son pendentif, ainsi qu'elle l'avait fait une heure plus tôt. L'approchant de son oreille, elle perçut une voix claire et distincte qui lui parla dans cette même langue inconnue dont elle avait usé auparavant. La jeune tzigane écouta, répondit à son tour, en jetant de fréquents regards au journaliste qui crut, de temps à autre, reconnaître son nom parmi les termes de cette langue dont il ne comprenait pas un traître mot.

La communication achevée, Stoïka poussa un soupir :

– Ce n'est pas cette nuit que le contact attendu se produira. Je le regrette, car tu aurais pu, alors, recevoir les explications que seul un Messager responsable peut te donner.

– Quand pourrai-je le rencontrer, ce... Messager?

– Bientôt. Je ne sais pas exactement, mais bientôt. Ce sont *eux* qui décident de l'opportunité d'un contact, pas nous. Sauf nécessité absolue de notre part.

– Nous pouvons retourner aux Saintes, dans ce cas?

– Dans un instant seulement, fit-elle en regardant alentour sur le sol pierreux du Val d'Enfer.

– Que cherches-tu?

Elle n'eut aucun besoin de répondre : une lueur verdâtre, faible comme un lointain feu follet, se manifesta à une trentaine de mètres de la voiture. La lueur s'intensifia, se mua en une boule de lumière d'environ deux mètres de diamètre. Alarmé, Gilles arracha le Colt de sa ceinture, mais Stoïka arrêta son geste :

– Nous n'avons rien à craindre, Gilles. Regarde et tu comprendras...

Au milieu de la sphère lumineuse se formait un

cylindre noirâtre dont l'aspect, graduellement, devint mieux visible : cela ressemblait à un bazooka de format réduit, de la taille d'une mitraillette Sten, mais à la crosse plus courte. L'objet se matérialisait au même temps qu'un coffret rectangulaire, de quarante centimètres sur trente. La sphère lumineuse émit une pulsation plus vive et s'éteignit, laissant le couple ébloui et comme plongé dans des ténèbres compactes bien que la lune inondât le paysage dantesque du Val d'Enfer.

S'étant de nouveau accoutumés à l'obscurité relative, ils marchèrent vers l'endroit où les deux objets s'étaient matérialisés et Stoïka s'empara du « bazooka » en réduction.

– Quelle est cette arme?

– Un micro-canon énergétique.

– Une sorte de laser?

– Pas exactement, Gilles. Demain, je t'en expliquerai le fonctionnement. De même que celui des pistolets spéciaux renfermés dans ce coffret que le Messager – du nom de Lynkhor – nous a envoyé.

– Selon un procédé de radiotransmission de la matière que tous les laboratoires du monde s'évertuent à mettre au point, n'est-ce pas? compléta-t-il, émerveillé par la démonstration de cette technologie dépassant, et de loin, celle des humains.

– Oui, je vois que ta réputation de spécialiste de l'étrange n'est pas surfaite. Ce qu'au Moyen Age on aurait qualifié de manifestation diabolique est, en effet, le fruit de la radiotransmission de la matière. De telles matérialisations ont eu jadis des témoins involontaires, qui ont propagé à leur manière ce qu'ils avaient vu. Et cela donna naissance à certaines

« prouesses » des fées avec leur baguette magique!

– Extraordinaire! murmura pensivement Gilles Novak. J'ai étudié le problème des fées, au cours de mes randonnées sur les sentiers de l'insolite et j'étais arrivé à des conclusions analogues : contacts d'Extra-terrestres avec certains Terriens. Des indiscrets ayant surpris de telles matérialisations, effectivement, ils ne pouvaient les mettre que sur le compte du diable... ou des fées! De même, si des hommes ou des femmes, jadis, eurent commerce avec des humanoïdes – des deux sexes – originaires d'un autre monde et capables de se matérialiser sous leurs yeux, cela expliquerait aussi l'étrange croyance médiévale aux succubes et aux incubes!

« Un autre problème, moins subtil, me préoccupe, Stoïka. Tes adversaires extra-terrestres possèdent des véhicules... bien de chez nous : par exemple, cette Fiat que tu as détruite avec une bombe incendiaire. J'imagine qu'ils peuvent se les procurer grâce à des prête-noms, Terriens comme toi et moi, habitant le pays où ils opèrent. Ces agents d'outre-ciel doivent confier de l'or ou des pierres précieuses à leurs complices terriens – volontaires ou suggestionnés – qu'ils convertissent en espèces sonnantes et trébuchantes servant à acquérir ce dont ils ont besoin.

– Tout cela est fort bien raisonné, Gilles et les choses, effectivement, se passent ainsi. Nous avons eu vraiment une excellente idée en te comptant pour être l'un des nôtres. Maintenant, portons ces armes dans ta voiture et rentrons au campement de Yanko.

– J'espère que personne n'aura remarqué notre absence... simultanée!

CHAPITRE III

Le lendemain matin, dans le campement où régnait une grande animation à l'approche du pèlerinage aux Saintes, Gilles Novak rencontra Stoïka devant la roulotte de la vieille tzigane où elle avait passé le restant de la nuit, après leur équipée mouvementée. L'aïeule parut sur le seuil et regarda s'éloigner les deux jeunes gens avec une moue de désapprobation. Le journaliste avait surpris son expression sévère qu'il mit sur le compte d'une méprise de la part de la vieille femme.

Ils retrouvèrent Yanko, assis sur les marches de sa roulotte, en train de distribuer des bonbons à une horde de garnements à la tignasse hirsute. Le Puro leva les yeux sur le couple et son visage se ferma; il renvoya les enfants et, d'une voix que l'émotion rendait chevrotante, il apostropha le journaliste :

– Vous avez abusé de notre amitié, de l'hospitalité fraternelle que nous vous avons offerte pour détourner Stoïka du chemin de l'honneur! La fille de mon phral Shmolo est comme ma fille, Gilles!

Le journaliste cilla vivement, estomaqué :

– Eh là! Puro, que signifie cette accusation?

Ignorant la remarque, Yanko se tourna vers la jeune femme :

– La vieille Miranda, cette nuit, a vu que tu n'étais pas sur la couche. Elle est venue me prévenir : j'ai pu constater, aussi, que la roulotte de Julio était vide et la voiture de Gilles partie, avec vous deux !

Il enchaîna, en romanée :

– Un gadjo, Stoïka ! Tu trahis les tiens avec un gadjo que tu as rencontré hier soir seulement ! J'ai honte pour toi, pour la mémoire de mon phral Shmolo !

N'y tenant plus, Gilles Novak riposta en employant, pour la première fois devant Yanko, la langue de ses ancêtres :

– Puro, en accusant Stoïka, tu juges sur des apparences trompeuses et ne parles point le langage du sage ! Primo, je suis un Rom et non un gadjo, pardonne-moi de te l'avoir caché. Secundo, il ne s'est strictement rien passé entre Stoïka et moi...

– Sinon qu'il m'a sauvé la vie une deuxième fois ! compléta-t-elle, nullement embarrassée par cette situation – faussement – équivoque. Ecoute, Puro, il faut absolument que tu admettes que je puisse avoir un secret. Un secret... capable de bouleverser le monde s'il était divulgué prématurément. Gille connaît une partie de ce secret. Accorde-nous ta confiance, ne t'étonne pas et ne nous pose pas de questions si notre conduite, parfois, te paraît... bizarre.

Le chef de la tribu agita doucement la tête et posa sur Gilles un regard ému :

– Fils, je suis heureux de te savoir des nôtres.

Mon cœur ne m'avait pas trompé : j'ai lu cela en toi, hier soir; puis j'ai douté... Mais si, au début, ton arrivée fut marquée par des signes bénéfiques, d'autres signes ont suivi, qui m'inquiètent. Cette nuit, par exemple, pendant que nous vous cherchions, Miranda et moi, nous avons vu un mauvais signe dans le ciel.

– Une étoile filante ou un bolide? hasarda le journaliste qui n'ignorait rien du caractère superstitieux des anciens.

– Non, un bolide, ce n'est pas toujours mauvais. Nous avons vu une énorme boule violacée, haut dans le ciel; pas le moindre bruit, pas d'explosion, rien.

Parfaitement consciente de la nature du phénomène invoqué – et pour cause – Stoïka essaya de le raisonner :

– Tu t'inquiètes bien à tort, Puro. Gilles et moi l'avons vue également, cette lueur. Ce n'était pas un mauvais signe...

Et pourtant! La réalité ne rejoignait-elle pas, ici, la superstition sur la nature funeste de cet événement?

– Et Sinpetra, alors? Sinpetra que les petits ont vu, en jouant? fit-il en s'animant. Je vous l'avais caché à tous deux, ignorant, hier, que Gilles était des nôtres.

Aux deux jeunes gens interloqués, il narra alors la mésaventure des enfants que le journaliste devait recueillir, frappés de stupeur par cette apparition « céleste ».

– Ainsi, ils ont commencé! murmura Stoïka, atterrée.

– Qu'entends-tu par « ils »? Et qu'ont-ils commencé? demanda Gilles.

Elle eut à son intention une imperceptible froncement de sourcils, comme pour lui reprocher cette question et répondit, évasive :

– Nous parlerons de cela plus tard, Gilles.

L'arrivée de la vieille Miranda fit opportunément diversion. Elle brandissait deux journaux – *Le Provençal* et *Le Méridional* – et paraissait fort excitée :

– Puro, ça y est, là, dans les canards!

– Quoi? Qu'est-ce qui est dans le journal?

– Le signe! Le mauvais signe que nous avons vu, cette nuit. Mais les gadje ont trouvé plus malin de l'expliquer à leur façon!

Le vieillard s'empara du journal sur lequel la vieille tzigane désigna l'article avec son doigt noueux. Penchés sur lui, Gilles et Stoïka lurent par-dessus son épaule :

La nuit dernière, alors que nous mettions sous presse, notre correspondant de Port-Saint-Louis-du-Rhône nous a fait part d'une étrange lueur violacée aperçue dans le ciel à très haute altitude. Renseignement pris à l'Observatoire Astronomique de Marseille, cette lueur fut formellement identifiée : il s'agissait d'une banale météorite entrée en ignition lors de sa traversée de notre atmosphère. Dans la dernière édition de notre quotidien Le Soir, *nous publierons les informations éventuelles qui auraient pu nous parvenir sur ce météore que certains témoins abusés ont baptisé « OVNI ».*

– Ce journal tombe entre vingt-trois heures et minuit, raisonna Gilles. Il est dix heures du matin.

Si nous prenons la radio, peut-être obtiendrons-nous d'autres précisions... Dans l'éventualité où le correspondant marseillais de l'AFP aura répercuté la nouvelle sur les télescripteurs afin d'en informer les diverses salles de rédaction, françaises et étrangères. Mais cela m'étonnerait, le phénomène en soi n'est pas suffisamment extraordinaire.

– En tout cas, Puro, voilà qui doit te rassurer, mentit la jeune tzigane.

L'ancien grommela sans conviction tandis que Gilles revenait avec un transistor qu'il était allé prendre dans sa voiture. Ils patientèrent cinq ou six minutes encore et purent capter un bulletin d'informations sur France-Inter. Le journaliste de service, après avoir fait état de l'agitation en Inde, des conflits sociaux, du départ de la prochaine navette Columbia, lut ensuite une dépêche qui parut captiver Stoïka :

– Un porte-parole de la NASA vient de démentir l'information selon laquelle un satellite mystérieux aurait été observé au télescope par des astronomes amateurs. Vérifications faites, il s'agissait de *Tiros IX*, le satellite météorologique bien connu que lesdits astronomes en herbe n'ont pas su identifier. De même, les rumeurs qui circulent dans le midi de la France faisant état d'objets lumineux insolites aperçus dans le ciel ne reposent sur aucun fondement. Nos correspondants régionaux se sont livrés à une enquête auprès des Observatoires Astronomiques où les avis autorisés des spécialistes – habitués à l'étude des astres – ont été catégoriques : la lueur dite mystérieuse aperçue la nuit dernière depuis la région de Port-Saint-Louis-du-Rhône résultait de l'entrée dans l'atmosphère d'un élément de fusée porteuse qui achevait sa course en se consumant.

Un bref silence, un bruit de papier dans le haut-parleur et le journaliste radiophonique enchaîna, du même ton dégagé :

– Et voici une dépêche en provenance de Moscou, également liée à l'espace. L'Académie des Sciences de l'URSS, Département de la Cosmonautique, fait savoir que le satellite prétendument mystérieux repéré par des astronomes amateurs américains n'était autre que *Cosmos XV* lancé par les Soviets... *(bref silence interloqué du journaliste, toussotement embarrassé et reprise sur un ton plus hâtif)*... lancé par les Soviets la semaine dernière. Et maintenant, un peu de musique, avec le dernier tube dédié à Yul Brunner : *Moi, j'aime les bigoudis...*

Gilles coupa le contact et éclata de rire :

– Le pauvre garçon avait l'air bigrement embêté d'avoir dû lire cette seconde dépêche qui contredisait systématiquement la précédente! C'est plutôt drôle : les Américains *et* les Russes revendiquent maintenant la paternité de ce satellite qui n'appartient en fait ni aux uns ni aux autres!

– Je ne comprends rien à tout ça! bougonna le vieillard. Expliquez-moi un peu...

– Une autre fois, Puro, Gilles et moi devons nous préparer pour assister, nous aussi, au pèlerinage des Saintes.

Ils le laissèrent là, en compagnie de la vieille Miranda qui les suivit des yeux avec sa mine toujours réprobatrice. D'une roulotte voisine, un gitan venait de sortir, furibond; il brandissait un violon, d'une main, et de l'autre, agitait un archet en jetant des imprécations et mille malédictions à l'enfant de salaud qui lui avait volé son étui.

Yanko tenta de le calmer.

– Tu dis des couillonnades, Bosio! Qui aurait pu faucher un étui vide? Le violon, passe encore, mais l'étui! Tu l'auras oublié hier soir dans l'un des cafés où tu es allé jouer, voilà tout.

– Non, Puro. Je l'avais, cette nuit, en regagnant le campement. J'ai fait dix bistrots et, dix fois, j'ai remis le violon dans l'étui après avoir fait la manche...

– Et bu un coup, acheva la vieille en gloussant. T'as dû l'oublier, va. Tu le retrouveras ce soir en refaisant les mêmes bistrots... A condition que tu ne siffles pas un verre à chaque coup!

Bosio s'en retourna en maugréant, son violon sous le bras et en dessinant au-dessus de sa tête des moulinets vengeurs avec son archet.

Dans la roulotte qu'occupait Gilles, Stoïka et lui bavardaient, commentant l'article de presse et les informations entendues à la radio.

– J'ai mûrement réfléchi aux événements de la nuit dernière, Stoïka. La chose n'est pas douteuse : Russes et Américains veulent à tout prix cacher la présence, sur une orbite circumterrestre, d'un satellite qui n'appartient pas à la Terre.

Il posa sur la jeune femme un regard interrogateur, quêtant une approbation mais sans succès. Stoïka se borna à l'encourager.

– Continue, Gilles.

– Soit. A partir de l'incident de ton agression, de la Fiat incendiée par tes soins, j'ai échafaudé une hypothèse. A toi de la démentir ou de la confirmer.

La nuit dernière, l'engin ovoïde dans lequel nous avons casé les cadavres de ceux que tu as appelés des « sortes de prêtres », cet engin, donc, tu l'as... renvoyé à l'expéditeur avec, à son bord, une bombe extrêmement puissante : le cylindre noir mat dont tu as manipulé préalablement deux ou trois commandes de mise à feu différé. Espérais-tu voir cet engin ovoïde récupéré en vol par le fameux sattelite mystérieux qui, dans cette éventualité, aurait dû exploser sur son orbite?

– Un point pour toi, Gilles. Ton hypothèse est exacte : c'est bien, en effet, ce que j'espérais. Malheureusement, les occupants du satellite ont éventé ma ruse et provoqué à distance la destruction de l'engin qui devait le détruire. C'était une chance à tenter : ce qui avait très bien marché pour la Fiat, sur la route, aurait pu réussir dans l'espace. J'ai sous-estimé nos adversaires... Maintenant, ils redoubleront de précautions.

– Tu as commencé tes confidences, Stoïka. Achève-les, si tu veux que je t'aide en toute connaissance de cause.

– Non, Gilles. Je te le répète : je ne puis prendre sur moi une telle décision. Tu recevras l'ensemble des révélations concernant notre action d'ici peu de temps, je t'en donne ma parole. Jusque-là, ne me pose plus de question. Veux-tu, malgré tout, continuer de m'aider?

– J'achève toujours ce que j'ai commencé, soupira-t-il. Mais, vraiment, tu ne facilites guère ma tâche!

La jeune tzigane lui décerna un sourire et se baissa pour allonger le bras sous la couchette où

Gilles était assis. Elle en retira un étui à violon qu'elle enveloppa dans un châle de soie brodé.

– Aurais-tu l'intention de jouer et de faire la quête, aux Saintes, parmi les touristes? s'étonna-t-il.

– Non, je n'ai aucun talent musical et cet étui n'est pas à moi. Je l'ai... emprunté, tout à l'heure.

Elle mit l'étui sous son bras puis :

– Viens-tu? La cérémonie à l'église des Saintes commence dans une heure, mais nous avons intérêt à nous y rendre sans plus tarder si nous voulons trouver une place pour la voiture, pas très loin de l'église si possible.

– Tu ne doutes de rien! fit-il en se levant, pour la suivre.

***

Régine Véran avait pu, non sans mal, garer son Austin à l'entrée du village. Son Canon T 70 en sautoir sur la poitrine, un fourre-tout suspendu à l'épaule, elle se frayait un passage en direction de l'église-forteresse parmi une foule considérable : grouillement de gitans, de touristes où, çà et là, l'on apercevait des gardians, des provençales en tenue folklorique avec leur long jupon, leur chemisier à manches bouffantes, leur coiffe noire et blanche, accoutrement à la fois charmant et désuet qu'elles ne portaient plus guère qu'en de rares occasions.

Régine observait avec attention cette foule bigarrée qui convergeait vers l'église-forteresse. A plusieurs reprises, elle avait reconnu certains de ses confrères, bardés d'appareils photographiques, mais c'est en vain qu'elle cherchait autour d'elle à découvrir Gilles Novak.

Lorsqu'elle l'aperçut enfin, sortant de sa voiture en compagnie d'une jeune gitane portant un étui à violon, elle dodelina du chef : comment avait-il pu, au milieu de cette cohue, parvenir aussi près de l'église au volant de sa 205? Et que manigançait-il avec cette brune romanichelle aux grands yeux noirs? Sur le point de l'interpeller ou de lui faire signe pour attirer son attention, elle se ravisa, flairant peut-être une occasion de lui souffler le reportage sur lequel il devait être lancé. Elle se faufila donc dans la foule et se plaça derrière le couple, le suivant discrètement à distance.

Bien que d'assez vastes proportions, l'église des Saintes-Maries-de-la-Mer ne pourrait contenir qu'une infime partie des milliers de fidèles venus assister aux cérémonies marquant le pèlerinage annuel, aussi bien, une marée humaine entourait le sanctuaire, attendant avec une ferveur impatiente la sortie du cortège pour lui emboîter le pas.

Lorsque les grandes portes du tambour s'ouvrirent, des remous, des bousculades se produisirent parmi les spectateurs s'efforçant d'approcher Sainte Sara – qu'un groupe de gitans portaient sur leurs épaules – chacun voulant la toucher, soulevant un enfant, un malade afin de solliciter une grâce, une guérison.

Les gitans porteurs de Sara la Noire ou Sara la Kali venaient en tête du cortège, suivis par l'archevêque d'Aix et autres prélats porteurs de croix et de bannières, flanqués de gardians à cheval, de femmes revêtues de l'habit d'Arlésienne. La foule suivait, grossissant sans arrêt les rangs des fidèles portant la Sainte vers le rivage où, près de deux millénaires plus tôt selon la tradition, Marie Jacobé et Marie Salomé avaient abordé la côte sur leur frêle embarcation.

Son Canon T 70 en batterie, prenant, ici et là, divers clichés, Régine Véran n'en perdait pas de vue pour autant Gilles et sa compagne qui, mêlés au cortège, s'avançaient lentement. Soudain, une clameur monta de la foule, des bras se levèrent et, bientôt, des milliers d'yeux abasourdis contemplèrent le ciel où venait de surgir une étrange apparition : un vieillard auréolé de lumière, drapé dans une longue tunique, posait sur la multitude un regard chargé de bonté.

Sidérés ou frappés d'une ferveur mystique, nombre de pèlerins étaient tombés à genoux, les mains jointes, les yeux levés vers cette apparition miraculeuse. Les plus stupéfaits, témoins de ce prodige, étaient à coup sûr les prêtres et dignitaires ecclésiastiques accompagnant le cortège...

Médusée elle aussi, Régine Véran n'en perdait pas pour autant la notion du réel : elle fixait sur la pellicule et le « miracle » et les réactions extatiques ou bouleversées des fidèles. Son devoir professionnel accompli, la jeune femme oublia un instant son Canon pour épier, à peu de distance, Gilles et la bohémienne : tous deux semblaient battre en retraite. Cette conduite bizarre l'incita à les suivre et c'est ainsi qu'elle put les voir se dissimuler derrière une roulotte. Jouant des coudes, elle se fraya un chemin et parvint à se cacher à l'angle d'un transformateur de l'EDF d'où elle put les épier à son aise.

Stoïka venait d'ouvrir son étui à violon pour en retirer un singulier instrument qui ne devait avoir qu'un très lointain rapport avec la musique! Il s'agissait d'une sorte de mitraillette à gros canon dont elle déplia la crosse pour l'épauler en visant l'apparition.

Flottant dans le ciel à une vingtaine de mètres, le vieillard auréolé de lumière étendit les bras et parla, d'une voix curieusement réverbérée :

– L'heure approche, mes fils, où la paix et la justice divine – celles du Vrai Dieu – s'installeront sur la Terre! Ecoutez, écoutez tous cette...

Régine Véran vit l'index de la bohémienne presser sur la détente. Une langue de feu orange-vert jaillit du volumineux canon de l'arme braquée vers le ciel. Et l'on vit alors une chose hallucinante : le vieillard qui flottait, nimbé de lumière, se tordit de douleur, frappé au milieu de son discours cependant que la foule, horrifiée, ne pouvait comprendre les raisons de ses souffrances. L'apparition se dilua peu à peu pour disparaître enfin dans un flash éblouissant. Très haut dans le ciel, un disque argenté, que nul n'avait encore remarqué, se mit à tanguer, à tournoyer comme un soleil d'artificier. L'objet lenticulaire se stabilisa enfin, prit la tangente et fonça à la verticale à une vitesse fulgurante.

Dans le cortège et parmi les fidèles bouleversés, convaincus d'avoir assisté à un miracle, le nom de Fatima courut de bouche en bouche. Les vieilles femmes se signaient pieusement, des hommes tombaient à genoux, persuadés d'avoir été les témoins d'une variante du célèbre miracle.

Brusquement, des cris hostiles rompirent le

silence pétrifié qui étreignait la foule. Proches de la roulotte derrière laquelle Gilles et Stoïka s'étaient dissimulés, des gitans avaient surpris le manège de la jeune femme et, horrifiés par son geste, ils s'écriaient :

– C'est elle! Elle qui a tiré sur le... sur le miracle!

– Elle a tiré sur le Saint!

Un gigantesque remous s'opéra parmi les fidèles, un instant désorientés; bientôt, des hommes, des femmes, des enfants se ruèrent vers le couple qui, profitant de la crainte inspirée aux plus proches par l'arme que brandissait la jeune femme, fonça dans une ruelle à peu près vide. Poursuivis par une cohorte hurlante – parmi laquelle se trouvait Régine Véran, médusée – Gilles et Stoïka durent déjouer plusieurs fois les tentatives de gitans ou de gardians voulant leur barrer la route.

A deux reprises, Gilles dut faire face à des énergumènes qui, eux, firent connaissance avec ses poings et se retrouvèrent au tapis. Lorsqu'ils se remirent sur pieds, ce fut pour être renversés par la foule des poursuivants, ce qui entraîna une mêlée générale à la faveur de laquelle les fuyards purent atteindre la 205 et s'y engouffrer. Las, ils ne purent éviter l'encerclement! Rendus furieux par l'acte sacrilège de la gitane, des hommes secouaient la Peugeot, cherchant à la renverser. Stoïka enjamba prestement le dossier du siège avant, se laissa retomber à l'arrière et fouilla en hâte dans sa mallette. Elle en retira une sphère de métal gris bleu fixée à l'extrémité d'un cylindre qui la faisait ressembler à un bilboquet.

Elle exerça une pression sur un bouton latéral et cria :

– Démarre, Gilles!

Tout à coup, les hommes qui secouaient la 205 se reculèrent en désordre, grimaçants, fustigés par des décharges électriques! Certains, n'ayant pas saisi la raison de leur brusque recul, tentèrent de se jeter sur le véhicule : cette raison, ils ne tardèrent pas à la comprendre et, le corps parcouru par une fulgurante décharge électrique, ils battirent prudemment en retraite.

Gilles parvint enfin à démarrer, à rouler, lentement d'abord parmi la foule qui les enveloppait avec la ferme détermination de leur barrer la route.

– Tant pis pour eux! gronda la jeune femme en braquant devant le pare-brise la petite sphère de métal qui grésillait faiblement dans un halo bleuâtre.

Bien qu'inoffensive, la décharge électrocutrice fut suffisante pour leur ôter l'envie de s'opposer à leur fuite et l'on assista alors à la débandade générale. La 205 put accélérer et se dégager pour foncer bientôt, au nord des Saintes-Maries-de-la-Mer, sur la route nationale 570.

Au milieu des pèlerins qu'ils laissaient loin derrière eux, un gitan vociférait en brandissant, d'une main, un violon et, de l'autre, un étui crevé, piétiné, inutilisable. De sa dextre qui brandissait le violon, il écarta deux doigts en fourche et proféra les pires malédictions contre la voleuse et son complice! La perte de son étui revêtant à ses yeux une importance comparable au sacrilège dont elle s'était rendue coupable envers la miraculeuse apparition!

***

Régine Véran pilotait à vive allure son Austin sur les traces de la 205; encore bouleversée par la série d'événements extraordinaires dont elle avait été le témoin, elle dut s'y prendre à trois reprises pour allumer sa M.S.

– Décidément, soliloquait-elle, ce sacré Gilles n'a pas son pareil pour flairer l'événement « étrange » et sensationnel qui fera toujours le succès de sa revue! Comment a-t-il pu savoir, à l'avance, qu'un miracle – ou un événement prétendu tel – se produirait ce jour-là aux Saintes? Où a-t-il déniché cette gitane et, surtout, comment celle-ci pouvait-elle être en possession de cette arme bizarre avec laquelle elle a pu « descendre » l'apparition?

L'aspect religieux de ce « miracle » n'impressionnait qu'à demi la journaliste, peu encline à se pencher sur les problèmes métaphysiques. Lucide, elle raisonnait selon l'optique cartésienne : une chose qu'elle ne comprenait pas s'était produite, miracle pour les uns, phénomène inexplicable mais peut-être parfaitement rationnel pour d'autres; ces « autres » dont elle faisait partie. Dans l'immédiat, l'important n'était donc pas d'épiloguer sur cette énigme, mais de ne point se laisser distancer par la Peugeot.

Un curieux miroitement dans le ciel, sur sa gauche, attira son attention. Elle crut, au premier regard, qu'il s'agissait d'un avion dont les ailes accrochaient un rayon de soleil; elle ne s'en soucia pas davantage, préoccupée qu'elle était de ne pas perdre de vue la Peugeot qui fonçait à travers la plaine de la Crau balayée par un violent mistral.

Un nouvel éclat de soleil renvoyé par ce qu'elle avait d'abord pris pour un avion la fit tiquer. Stupéfaite, elle réalisa sa méprise : il s'agissait d'un disque de métal, apparemment identique à celui dont les évolutions au-dessus du cortège des pèlerins avaient provoqué tant d'émotion aux Saintes. Intriguée, Régine Véran le vit soudain basculer, virer à angle droit et prendre la tangente à une vitesse fantastique. Elle comprit bientôt le motif de cette fuite : deux chasseurs à réaction, probablement basés à Istres, venaient de surgir dans le ciel. Dans un miaulement de réacteurs, ils piquaient à plein régime sur l'objet volant non identifié! Ce dernier disparut à la verticale à une vitesse qui eût donné des complexes aux techniciens de Cap Kennedy ou à leurs collègues de Baïkonour!

Régine se félicita d'avoir fait le plein le matin même. Une panne sèche et ses espoirs de garder la 205 dans son collimateur se seraient évanouis. La traversée de la ville d'Arles lui permit de ralentir derrière la Peugeot; celle-ci ne devait reprendre sa vitesse de croisière qu'à la sortie nord-ouest de l'agglomération. La journaliste se réjouissait également de voir son collègue Gilles Novak conserver une vitesse moyenne qui lui permettait – sans qu'il s'en doutât – de le suivre tant bien que mal.

Brusquement, la jeune femme dut se rabattre sur le côté gauche et faillit télescoper une voiture roulant en sens inverse, cela pour éviter un chauffard n'ayant pas respecté le stop à l'issue d'un chemin perpendiculaire. Le premier automobiliste, rendu furieux par ce mépris du code, freina, s'arrêta sur le bas-côté de la route et jaillit comme un boulet de canon pour se précipiter sur le chauffard dont l'aile droite avait heurté le panonceau. Les deux hommes en vinrent rapidement aux mains cependant que Régine, peu désireuse d'arbitrer ce match, embrayait et reprenait sa course.

Las, la 205 lui avait échappé! Elle écrasa son pied sur le champignon en maugréant contre l'imbécile dont l'imprudence risquait de lui avoir fait perdre la piste. Elle traversa en trombe un petit village et, soudain, elle aperçut, très bas dans le ciel, le disque dont la surface argentée réfléchissait les rayons du soleil.

Puis, tout se déroula très vite : elle reconnut, loin devant elle, la 205 grise et vit le disque plonger sur le véhicule comme un aigle sur sa proie. De l'engin circulaire jaillit un dard fulgurant qui frappa la Peugeot de plein fouet et la fit exploser dans une monstrueuse boule de feu, aveuglante comme la lumière d'un flash électronique!...

CHAPITRE IV

Régine se mordit les lèvres dans une grimace d'horreur tandis qu'une douleur vive étreignait son cœur. De la 205, il ne restait que la carcasse portée au rouge : tout ce qui n'était point métallique avait été volatilisé.

Elle stoppa à une quinzaine de mètres du brasier, ressentit en ouvrant sa portière une bouffée de chaleur suffocante et fit quelques pas, chancelante, les larmes aux yeux.

Dans le ciel, le disque mystérieux décrivit une boucle avant de s'élever en chandelle à une vitesse foudroyante pour disparaître. Une CX s'arrêta bientôt à la hauteur de la jeune femme et deux hommes en descendirent, paraissant éberlués par ce spectacle.

– Qu'est-il... arrivé, mademoiselle?

En proie à une violente émotion, au bord des larmes, la jeune femme expliqua :

– J'ai vu... un engin en forme de disque descendre du ciel et... tirer sur cette voiture pilotée par... un de mes amis. La voiture a littéralement explosé, transformée en une énorme boule de feu. En quatre ou cinq secondes, il ne resta plus que cette carcasse, rouge comme une plaque de fer chauffée par un chalumeau!

– Vous avez bien dit qu'elle était pilotée par l'un de vos amis? Il était... seul?

– Non, une femme l'accompagnait. Une gitane...

Les deux hommes échangèrent un bref regard et celui qui n'avait encore rien dit interrogea la journaliste :

– Vous étiez également une... amie de cette gitane?

– Non, du conducteur seulement! Gilles Novak. Il était...

Les mots s'étranglèrent subitement dans sa gorge : les yeux désorbités par la stupeur et l'incrédulité, elle vit arriver, les croiser puis les dépasser sans ralentir la 205 grise *pilotée par Gilles Novak avec, à ses côtés, la jeune tzigane.*

– Gilles! hurla Régine en se haussant sur la pointe des pieds pour faire des signes de la main en direction de la Peugeot qui, déjà, disparaissait au loin.

Les deux inconnus échangèrent un rapide dialogue dans une langue que la journaliste ne put comprendre et, brutalement, ils l'empoignèrent à bras le corps, la forcèrent à pénétrer dans la CX qui démarra aussitôt sur les traces de la Peugeot.

– Lâchez-moi! Salauds!...

Suivirent d'autres épithètes, moins poétiques, à l'adresse de ses ravisseurs; celui qui la maintenait étroitement, sur le siège arrière, n'en eut cure et se borna à la gifler à toute volée :

– Que sais-tu de cet homme?

– Rien qui puisse justifier votre conduite criminelle! jeta-t-elle, les joues en feu.

Il la gifla de nouveau, lui tordit brutalement le poignet, la força à parler entre deux sanglots :

– Gilles Novak est un confrère, journaliste comme moi. Il travaille dans l'insolite; on l'appelle d'ailleurs le « Spécialiste de l'Etrange » et il figure parmi les grands noms que passionnent tous les problèmes mystérieux : Jacques Bergier, Robert Charroux en leur temps; Serge Hutin, Guy Tarade, Aimé Michel, Francis Attard et d'autres.

– Nous ne connaissons pas ces individus et ils ne nous intéressent pas, lança le chauffeur, avec impatience.

Régine Véran demeura incrédule : se pouvait-il que ces béotiens, à défaut de les avoir lus, n'eussent point entendu parler de ces écrivains, de ces chercheurs?

– Ralentis, Rokx. Inutile de nous coller les flics au dos pour excès de vitesse. Nous savons maintenant où ils vont... Et il nous les faut vivants, à tout prix!

– Ne t'inquiète pas, Xanor, cette fois, c'est nous qui les prendrons au piège. La fille a suffisamment fait de mal comme ça.

– Qu'a-t-elle fait? hasarda Régine, angoissée autant par sa fâcheuse posture que par le danger que courait son confrère.

– Elle a assassiné quatre hommes.

– Cinq, rectifia le chauffeur répondant au nom bizarre de Rokx. Car le Grand Prêtre qu'elle a foudroyé tout à l'heure est sûrement mort : le micro-canon à énergie ne pardonne guère... Sans compter le ou les occupants de la 205 incendiée par méprise, il y a un instant, par l'un de nos patrouilleurs!

– Le... Grand Prêtre? répéta Régine, sans comprendre.

– Ne pose plus de questions! Tout cela ne te concerne pas!

– C'est bien mon avis! riposta-t-elle. Et je me demande pourquoi vous m'avez enlevée. Je ne sais rien de vos salades!

– Salades? fit Xanor, interrogateur.

– Histoires si vous préférez.

– Ouais! Tu ne sais rien, mais tu as des yeux. Et tes yeux ont vu trop de choses qu'ils n'auraient pas dû voir. Nous sommes contraints de t'arrêter.

– M'arrêter? Mais... vous n'êtes pas des policiers!

– Pas au sens où tu l'entends, dit Rokx, avec un rire grinçant. Mais nous sommes tout de même assimilés à une police – ou une milice – très spéciales, sans équivalent sur la Terre.

Sans équivalent sur la Terre!

Ces mots résonnèrent étrangement dans l'esprit bouleversé de la jeune femme; elle hésitait à admettre tout ce qu'ils impliquaient, de fantastique et d'inquiétant à la fois.

– Vous voulez dire par-là que... vous dépendez d'une autorité étrangère à la Terre?

– Exactement, dit Rokx, narquois. Et je puis t'en administrer la preuve, ajouta-t-il en retirant de sa poche un petit boîtier doté d'une lentille opalescente.

Il abaissa un contacteur latéral et la lentille se mit à clignoter en répandant de curieux cercles concentriques de lumière partant du bord pour se fondre en se rapetissant vers le milieu de la lentille.

– Regarde, regarde attentivement et tu verras apparaître sur cet écran le monde d'où nous venons.

Dévorée par la curiosité, Régine écarquilla les yeux, cherchant à discerner une image à travers ces cercles de lumière mouvants qui pulsaient à une cadence rapide. Peu à peu, ses paupières s'alourdirent et elle perdit conscience, s'affaissant sur les genoux de Rokx qui éclata de rire :

– Et voilà ! Sa curiosité nous a épargné une bonne perte de temps !

***

Gilles Novak stoppa sa voiture au pied de la falaise, à l'entrée du Val d'Enfer. Auprès de lui, encore tremblante, Stoïka prit dans la boîte à gants le flask de gin dont elle but une gorgée avant de le tendre à son compagnon.

– Cette fois, Gilles, nous l'avons tous deux échappé belle ! Je frémis à l'idée de notre sort si tu ne t'étais pas arrêté pour faire le plein !

– Oui ; l'engin qui nous suivait nous observait du haut des airs, nous a un instant perdus de vue et a cru reconnaître ensuite ma voiture dans cette 205 qu'il a peu après attaquée... Pauvre type ! Il a été littéralement volatilisé.

Il resta pensif un moment avant de poursuivre, hargneux :

– Et tu soutiens que les occupants de cet astronef en forme de disque étaient, tout comme tes ravisseurs, des sortes de prêtres?

– Je t'ai expliqué la nuance, Gilles : ce sont des miliciens à la solde du clergé et agissant en tant que bras séculier de ce clergé... dont tu connaîtras avant longtemps les sinistres desseins...

Elle se blottit soudain dans ses bras et l'enlaça. Un peu surpris, Gilles l'étreignit lui aussi et chercha ses lèvres, mais elle tourna légèrement la tête en chuchotant :

– Ne te fais pas d'illusion, Gilles! Regarde plutôt dans le rétroviseur...

Il obéit et aperçut un groupe de scouts qui, sac au dos, arrivaient en fredonnant.

– Mmm, je me disais, aussi..., fit-il, philosophe.

Les garçons n'accordèrent qu'un regard pudibondement indiscret à ces « amoureux » et poursuivirent leur chemin dans le Val d'Enfer, à la recherche d'un coin tranquille pour bivouaquer, sans doute. Lorsqu'ils eurent disparu, Stoïka se dégagea et alluma une M.S., pour se donner une contenance. Gilles l'observait à la dérobée, un sourire ironique au coin des lèvres :

– Tu es une fille bizarre, Stoïka. Tu mènes une existence aventureuse, pleine de périls et, parfois, tu te conduis avec des allures de petite fille effarouchée.

Elle étouffa un soupir et consulta son Breitling Navitimer :

– Il est seize heures, Gilles et nous avons encore près de quatre heures à attendre ici. Tu ne vas pas me faire la cour pendant tout ce temps-là, non?

– Euh...

– Chaque chose en son temps, poursuivit-elle sans le laisser répondre. Pour l'instant, restons vigilants, la menace n'est pas écartée. Ensuite... Eh bien! ensuite, nous verrons, sourit-elle.

– Et, avant de voir « ça », plaisanta-t-il, qui sommes-nous censés d'attendre?

– Je peux bien te le dire, à présent : au crépuscule, un astronef se posera ici et viendra nous chercher. Il est impératif que tu sois mis au courant de la formidable lutte où les nôtres s'opposent aux... dissidents de La Divine Sagesse.

Elle observa sa réaction d'incrédulité puis enchaîna :

– Oui, c'est dans une véritable guerre de religions que nous sommes entraînés, mon pauvre Gilles.

– Une guerre de religions, au vingtième siècle? Et ce entre pays... ou planètes civilisées? C'est aberrant!

– Non. L'enjeu est tellement extraordinaire, tellement éloigné de tout ce que tu peux imaginer que ce conflit te paraîtra logique et nullement aberrant lorsque tu en connaîtras les tenants et les aboutissants.

– Mais *nous*, là-dedans, je veux dire les Terriens, que venons-nous faire?

– Justement, Gilles, l'enjeu auquel j'ai fait allusion : c'est la Terre!

– C'est donc une guerre de conquête?

– Pas selon l'acception habituelle du terme. Nos adversaires ne visent pas spécialement la conquête militaire de la Terre, mais sa domination sur le plan théologique, religieux.

– Dans l'un comme dans l'autre cas, c'est aberrant, je persiste à l'affirmer. Chez les civilisés, une guerre de religions est impensable. A l'ère de l'atome et de l'astronautique, seuls des coupeurs de cheveux en quatre – ou de vulgaires bigots – ont encore du temps à perdre en ergotant sur la valeur comparative des dogmes, dissensions mineures qui n'empêchent point la Terre de tourner!

– Je sais tout cela, Gilles, mais tu ne pourras avoir une vue claire du problème – et te forger une opinion – qu'après avoir été instruit des mobiles qui, dans les deux clans, poussent les uns à s'opposer aux autres. Sache-le, cependant : nos adversaires sont des fanatiques, aussi redoutables que les inquisiteurs du Moyen Age et qui ne reculent devant aucun des crimes commis par cette maudite Inquisition. En plus de ces crimes, le Clergé du Grand Prêtre – La Divine Sagesse – dispose de moyens techniques aussi puissants que les nôtres. Et ses zélateurs, qualifiés de Bras Séculier, exécutent les plus viles besognes.

– Ton enlèvement manqué, par exemple?

– Entre autres choses, oui. Et encore, je ne connais pas tout de leurs méfaits, ayant toujours vécu sur la Terre. Mes amis, originaires d'une Confédération Galactique en lutte avec le Clergé de la Divine Sagesse, pourront t'apprendre bien des horreurs sur le compte de ces sadiques se donnant pour serviteurs d'un dieu dont ils croient tout connaître.

– Je suis déiste, Stoïka et, pour moi, Dieu est l'Inconnaissable, le Grand Architecte de l'Univers, l'Intelligence Suprême. Comment peux-tu disserter sur la « connaissance » de Dieu?

– Je ne disserte pas, Gilles, je répète ce qu'on m'a enseigné, qui m'a bouleversée et qui me paraît plus juste, plus logique que toutes les idées et représentations que l'on se fait de Dieu... ou des dieux.

Elle hésita, puis se résolut à confier, d'un ton presque pathétique :

– Il y a eu, à l'origine et par la force des choses, un tragique malentendu sur la genèse des religions; de toutes les religions et croyances en vigueur sur la Terre. Détruire ce malentendu est à la fois nécessaire et dangereux. Mais il faudra le détruire peu à peu et non brutalement, pour ne point jeter nombre de croyants dans un désespoir dû à leur obscurantisme, à leur aveuglement inconscient. De tout temps, il y eut une conspiration du silence pour taire la vérité, pour conditionner les Terriens dans leurs croyances orthodoxes et bien pensantes. Un conditionnement tel que l'aveu de la vérité les révoltera, les enracinera dans leurs convictions erronées!

Troublé, Gilles entrevoyait cette vérité, une vérité si fantastique que sa révélation prématurée risquait en effet d'engendrer le chaos!

Décontenancé, il fut ramené à des pensées plus terre à terre en apercevant dans le rétroviseur sa collègue Régine Véran qui, sortant de derrière un bloc de rocher, se dirigeait vers la 205.

– Bon sang! pesta-t-il. Je ne m'étais donc pas trompé, tout à l'heure! C'est bien elle que nous avons croisée sur la route, bavardant avec deux automobilistes auprès de la carcasse de la 205 incendiée par l'astronef ennemi!

– Ta collègue a dû nous suivre depuis les Saintes. Elle nous aura perdu en route et aura dû errer dans la région avant de retrouver notre piste en interrogeant, par exemple, les gens des villages traversés. En tout cas, sa présence ici est fâcheuse. Nous n'avons vraiment pas besoin de témoins – et surtout pas d'une journaliste – pour ce qui va se passer... Et naturellement, elle n'a pas oublié son appareil-photo! maugréa-t-elle en remarquant le Canon suspendu en bandoulière.

Marchant avec lassitude, le regard sans éclat, Régine vint s'accouder à la portière. Son visage aux traits tirés, l'intonation traînante de sa voix – inhabituelle – inquiétèrent un peu Gilles Novak lorsqu'elle prononça, après un coup d'œil indifférent à la gitane :

– J'ai un message à te remettre, Gilles...

De son sac, elle retira vivement une sorte de pistolet au canon bulbeux qu'elle braqua sur le couple. Stoïka poussa un hurlement et voulut fuir en reconnaissant, là, un paralysateur, mais Régine, obéissant à une irrésistible suggestion post-hypnotique, projeta sur eux le flux faiblement lumineux de l'arme tétanisante.

Gilles et Stoïka s'affaissèrent en avant, sur le volant et le tableau de bord, sans avoir pu esquisser le moindre geste de défense. Au reste, comment auraient-ils pu – Gilles en particulier – se défier de la jeune journaliste?

De derrière un rocher, à présent, sortaient Rokx et Xanor, les deux sbires inféodés à la justice séculière de cette religion extra-terrestre, à la fois mystérieuse et redoutable, contre laquelle Stoïka luttait, aux côtés des forces laïques de la Confédération Galactique.

Après s'être assurés que le couple était dans l'impossibilité de réagir, les deux miliciens ordonnèrent à Régine de rester auprès de la 205, puis ils regagnèrent leur CX, camouflée à cinq cents mètres de là, dans un sentier abrupt grimpant à travers ronces et garrigue. Rokx s'empara d'un banal transistor, d'une marque très connue, dont le boîtier dissimulait un puissant émetteur-récepteur. Il dialogua un court moment avec son correspondant, coupa le contact et s'en retourna auprès de la Peugeot où ils attendirent en scrutant le ciel.

Moins d'un quart d'heure s'écoula et, dans le ciel, apparut un disque lumineux, brillant d'une vive teinte argentée, qui descendit rapidement pour se poser au milieu du Val d'Enfer, non loin de la 205. L'engin affectait l'aspect de deux assiettes retournées l'une contre l'autre, avec un renflement axial en forme de dôme. D'un diamètre de dix mètres environ, il reposait sur trois pieds télescopiques terminés par des patins orientables armés de griffes de métal assurant ainsi une parfaite adhérence. Émergeant de sa face ventrale, un cylindre descendit jusqu'au sol. Une écoutille galbée coulissa, démasquant la cabine d'un élévateur d'où sortirent deux hommes – plus exactement : deux humanoïdes – dont les costumes de bonne coupe pouvaient leur permettre de passer pour n'importe quels « hommes de la rue ».

Portant chacun une petite valise, ils échangèrent quelques mots avec Rokx et Xanor, et, après un coup d'œil aux prisonniers, tous deux se dirigèrent vers le sentier où était garée la CX. La permutation s'était donc opérée : les deux miliciens débarqués de l'astronef prenant la relève de leurs collègues chargés de convoyer les prisonniers.

Rokx et Xanor dirigèrent alors vers le couple le flux d'un réanimateur, cylindre brillant doté d'une courte poignée. Régine Véran, elle, demeurait immobile, le regard atone, inconsciente de son entourage. Le journaliste et sa compagne recouvrèrent assez rapidement l'usage de leurs membres. Hébétés, ils mirent cependant plusieurs minutes avant de réaliser ce qui s'était passé.

Stoïka dévisagea leurs agresseurs, nota l'attitude passive de Régine et retint Gilles qui esquissait un geste vers sa ceinture pour saisir son arme :

– C'est inutile, Gilles. Ces miliciens nous abattraient sans pitié. Ils ont soumis ton amie Régine à un annihilateur psychique et la tiennent en leur pouvoir. C'est pourquoi, devenue leur complice inconsciente, elle a pu nous approcher sans éveiller notre méfiance.

Jouant négligemment avec son paralysateur, Rokx approuva :

– Bien raisonné, Stoïka. Explique à ton chevalier servant qu'il n'a aucune chance de nous fausser compagnie, ni maintenant ni plus tard et conseille-lui de quitter gentiment la voiture, les mains en l'air.

Gilles n'eut point besoin de ce conseil et obéit, certain que le moment se prêtait mal à une tentative de fuite. Sur un ordre de Xanor, Régine le désarma, envoya le Colt aux pieds du milicien cependant que Rokx, sous prétexte de la fouiller, palpait la taille et la poitrine de la jeune tzigane. Indignée, celle-ci refréna son désir de cracher au visage du répugnant personnage et grommela :

– Finissons-en avec ce simulacre de fouille! Je n'ai aucune arme sur moi.

– Non, mais tu as ça! fit-il en lui arrachant le pendentif dissimulant un micro-émetteur-récepteur. Tu sais ce qui t'attend, sur Xinthya? Xanor et moi, pour t'avoir capturée, recevrons la faveur d'exécuter la sentence après ton jugement. Tu vois, tu as tout intérêt à te montrer docile si tu ne veux pas souffrir... inutilement.

Xanor venait de lever les yeux un bref instant pour observer un chasseur à réaction; Gilles crut alors pouvoir tenter sa chance. Il plongea sur le milicien, mais celui-ci, d'une rapide feinte, s'écarta en projetant sur lui un étroit faisceau lumineux jailli du chaton de sa volumineuse chevalière.

Le journaliste poussa un véritable rugissement sous la douleur fulgurante qui le laissa pantelant et sans force. Un coup de talon sur la nuque le força à se relever, péniblement. Stoïka se précipita pour l'aider à se remettre debout :

– Je t'en supplie, Gilles, ne... tente plus rien de ce genre. La prochaine fois, ils te tueraient!

Le visage encore buriné par la souffrance, il battit des paupières en signe d'acquiescement. Stoïka lui caressa les cheveux, promena ses doigts sur sa nuque douloureuse, les yeux remplis de détresse :

– Mon pauvre chéri, pardonne-moi de t'avoir entraîné dans...

– Ça va, grimpez! coupa Rokx en poussant Régine qui, passive, pénétra la première dans la cabine où les autres prirent place.

Le cylindre de métal remonta lentement dans le corps de l'appareil lenticulaire. Une minute plus tard celui-ci, avec un ronronnement à peine audible, s'éleva cependant que son train d'atterrissage tripode s'escamotait, s'encastrait dans les alvéoles prévus à cet effet.

Par l'un de ces hasards singuliers dont la vie est semée, cette scène extraordinaire avait eu des témoins : les scouts qui, plus tôt dans l'après-midi, avaient traversé le Val d'Enfer. Du haut de la falaise qu'ils venaient d'escalader, ils avaient pu, médusés, en suivre toutes les péripéties. André Savournin, le CP – Chef de Patrouille – consulta ses camarades, ébahis comme lui :

– Ben, ça, alors, c'est plus fort que les bandes dessinées! Il faut absolument prévenir la police!

– Et tu penses que la police gobera une histoire aussi extravagante? objecta l'un des garçons. Voir une soucoupe volante, passe encore, nous ne serions pas les premiers dans ce cas; mais affirmer aux policiers que deux femmes et un homme ont été kidnappés par des Extra-Terrestres, là, nous allons passer pour des rigolos... ou pour des fous!

– Peu importe ce qu'on pensera de nous! s'insurgea le CP. Nous avons été les témoins d'un rapt – extraordinaire, soit – mais nous devons en faire le rapport à la police, à la gendarmerie la plus proche. Il faut regagner les Baux et...

Le plus jeune du groupe se mit à bredouiller, semblant vouloir attirer l'attention de ses camarades. Au comble de l'émotion, il ne parvenait qu'à bégayer.

– Eh bien, quoi, parle! grommela le CP.

Incapable d'obtempérer, le garçonnet leva un doigt tremblant vers le ciel : ses amis purent alors contempler un disque de métal qui, silencieusement, descendait vers le Val d'Enfer. Lorsqu'il fut au niveau des falaises, il s'immobilisa, oscilla lentement sur lui-même et, s'écartant du vallon, vint planer au-dessus des jeunes gens dont certains, bouleversés, blêmes, s'étaient couchés à plat ventre.

L'engin se posa sur son tripode à une vingtaine de mètres du groupe. Du cylindre axial émergeant de sa face ventrale sortit un homme revêtu d'une combinaison de vol dont le tissu métallisé brillait aux rayons du couchant. Il s'avança, bras écartés en agitant les mains en signe de salut, sans doute aussi pour bien montrer qu'il n'était pas armé.

Abasourdis, les scouts le virent s'arrêter et leur parler dans un français des plus corrects; sa voix, chaude, était à peine teintée d'un accent indéfinissable :

– Je viens en ami, jeunes gens. Que regardiez-vous, au bord de cette falaise?

Dominant son émotion, le chef de patrouille se décida à narrer l'étrange spectacle auquel ils venaient d'assister.

– Nous nous apprêtions à aller prévenir la police, acheva le CP en examinant avec incrédulité cet humanoïde venu de l'espace et néanmoins capable de s'exprimer dans un excellent français.

Maîtrisant progressivement la frayeur qui l'avait fait bégayer, le plus jeune du groupe hasarda une question :

– Euh!... Coco... Comment vous appelez-vous, monsieur?

– Shorloo, répondit distraitement le pilote, soucieux, perdu dans ses pensées. Vous êtes certains que les deux occupants de la... soucoupe volante ont pris la CX et sont aussitôt repartis sur la route, en direction des Baux?

– Certains, confirma le CP.

– Certains aussi qu'il y avait deux jeunes femmes avec l'homme enlevé à bord de cet engin?

– Oui, l'une, très élégante, portait un tailleur pastel, l'autre était une gitane. La première paraissait malade... Elle était bizarre et marchait comme un automate.

– Je vous remercie, jeunes gens, fit Shorloo en repartant vers son appareil.

– Eh! l'arrêta le CP. Nous allons être obligés de dire à la police que... Enfin, que vous êtes venu nous poser des questions... et que vous avez atterri à bord de... d'une...

Bredouillant, il désignait du menton l'astronef juché sur son tripode d'atterrissage.

– Bien sûr, bien sûr, concéda distraitement Shorloo en regagnant la cabine de l'élévateur qui, rapidement, le ramena à bord de son appareil lenticulaire.

Celui-ci s'éleva bientôt et plana trois ou quatre minutes au-dessus du groupe formé par les scouts. Brusquement, pris de vertige, les garçons titubèrent et se laissèrent choir sur le sol cependant que le disque volant reprenait son ascension et disparaissait dans le ciel à une vitesse fantastique.

Lorsqu'ils reprirent conscience, cinq minutes plus tard, ils s'entre-regardèrent, perplexes, ne sachant absolument pas à quoi attribuer ce malaise qui venait de les faire s'évanouir simultanément.

De leur singulière aventure, de tout ce qu'ils avaient vu, leur mémoire ne conservait plus la moindre trace.

***

La cabine où les prisonniers avaient été enfermés comportait pour tout ameublement six couchettes superposées, trois de chaque côté des cloisons de métal gris mat. Face à l'entrée, sur le mur, un petit tableau de commandes disposé sous un écran. Peu après le décollage de l'appareil, Xanor était venu chercher Régine Véran, toujours sous l'emprise de l'annihilateur psychique oblitérant sa volonté. Un quart d'heure plus tard, après avoir été placée sous un casque à électrodes supprimant les effets de l'annihilateur, Xanor la ramena, bouleversée, auprès de ses compagnons.

Eclatant en sanglots, elle se jeta dans les bras de Gilles qui essaya de l'apaiser, sans conviction pourtant, car il ne conservait aucune illusion sur leur fâcheuse posture.

Soudain, leur cabine parut vibrer, soumise à de curieuses trépidations.

– Vite! cria Stoïka. Allongez-vous sur les couchettes. L'astronef va pénétrer dans le subespace!

Ce terme ne signifiait rien pour Régine, mais le ton anxieux de la gitane ajouta à son désarroi; elle s'accrocha désespérément à Gilles et celui-ci dut presque la porter et la forcer à s'allonger sur la couchette inférieure gauche. Il se releva, pris de vertige : les vibrations allaient crescendo et, à travers une bizarre clarté opalescente, les murs de la cabine semblaient se gondoler. Gilles tenta de gagner la couchette intermédiaire, mais il perdit l'équilibre et roula sur le parquet.

Stoïka, solidement agrippée à une poignée de sécurité, saisit au vol le bras du journaliste et l'aida à s'allonger à ses côtés, sur la couchette inférieure opposée à celle où reposait Régine. Du mieux qu'elle le pouvait, la jeune gitane s'était plaquée contre la paroi pour laisser une place à Gilles, en proie à un malaise hors de mesure avec ce qu'il pouvait imaginer. Tout, autour de lui, paraissait se déformer; les murs donnaient l'impression d'être devenus des plaques de caoutchouc soumises à des tractions, à des torsions dans les trois dimensions. Son esprit vacillait et il perçut, indistincte, avec des inflexions anormales, la voix de Stoïka.

– Ne résiste pas... Relaxe-toi...

Cela dura une minute ou des heures, il ne put l'évaluer, en proie à des nausées très différentes de celles que provoque le mal de mer. Fort heureusement, ces malaises ne s'accompagnaient jamais de vomissements; ils affectaient surtout le centre de l'équilibre et les zones sensorielles du cerveau commandant à la perception des trois dimensions de l'espace.

Le calme revint graduellement et la cabine reprit son aspect habituel. Gilles émergea du cauchemar pour réaliser qu'il était allongé aux côtés de Stoïka. Il battit des paupières, laissa fuser un long soupir et passa son bras sous la nuque de la jeune femme :

– Merci, Stoïka... Je n'ai pas eu la force de... gagner une autre couchette.

– Je l'ai bien vu. Tu as perdu l'équilibre et j'ai pu, in extremis, t'aider à t'allonger sur la mienne. Désagréable, n'est-ce pas?

Son visage très près du sien, il effleura ses lèvres d'un baiser.

– Je ne trouve pas.

– Je parlais du malaise qui accompagne la plongée dans le subespace, fit-elle en le repoussant..., après lui avoir rendu son baiser.

Régine Véran s'était remise debout et, tout en retouchant machinalement sa chevelure, elle releva un sourcil pour lâcher, avec une certaine vivacité :

– Continuez, je ne fais que passer!

Ce fut la jeune tzigane qui répondit d'un ton amical où perçait cependant la mélancolie :

– Régine, le sort nous a jetés tous trois dans cette maudite aventure; ne crois-tu pas que nous ferions bien de nous conduire, toutes deux, en amies? Nos épreuves ne sont pas achevées, hélas! Et une brouille entre nous n'arrangerait rien.

Régine la considéra attentivement, un peu déroutée par sa maîtrise de soi et son comportement qui, de toute évidence, ne cadrait point avec celui d'une humble romanichelle.

– Soit Stoïka, soyons amies. Explique-moi ce qui vient de se passer.

– En quittant l'espace normal à quatre dimensions – le continuum aux trois dimensions spatiales plus la dimension-temps – l'astronef a basculé dans l'hyperespace. Imagine un continuum parallèle au nôtre, à un niveau de vibration, de longueur d'ondes qui ne nous soient pas perceptibles, mais où le temps et l'espace s'annulent relativement aux paramètres liés à la Terre. Grâce à ce « basculement » – appelé aussi translation subspatiale – en *X* minutes ou heures de son temps relatif de bord, un astronef peut parcourir des distances fabuleuses – dizaines ou milliers d'années-lumière – qu'il ne pourrait franchir, dans l'espace normal, qu'au bout d'une durée incommensurablement plus longue; en tout cas, beaucoup trop longue pour une existence humaine. Un cosmonef ne peut opérer ce basculement qu'en atteignant puis dépassant la vitesse de la lumière : trois cent mille kilomètres à la seconde.

« Tous les savants, ou presque, ont démontré que c'était impossible, qu'une telle vitesse, pour un mobile, relevait de la seule imagination délirante des auteurs de science-fiction. C'est vrai sur la Terre, au stade actuel de notre technologie, ce qui permet à ses « savantasses » et autres Diafoirus de vitupérer contre les « romanciers de l'avenir »..., lesquels auront toujours tort d'avoir eu raison contre leur étroitesse d'esprit et leur stupide anthropocentrisme.

« Mais ce qui est vrai sur la Terre, en fonction des possibilités techniques actuelles ne l'est pas pour des humanoïdes dont l'espèce existait déjà, au stade évolué lors même que, sur notre globe, nos ancêtres sortaient à peine de l'animalité et découvraient le feu! L'astronef qui nous emporte est la preuve irrécusable de cette évolution dont le niveau présent dépasse le nôtre de cent coudées.

Régine bredouilla, effarée :

– Vous... Tu veux dire que nous... volons en direction d'une autre planète?

– Plus certainement d'un autre système solaire de la galaxie, Régine, rectifia-t-elle. Je n'ai jamais abordé, moi non plus, un autre monde et c'est mon premier voyage interstellaire. Je comprends ton émotion, tu peux me croire.

– Mais, s'étonna Gilles Novak, comment pouvais-tu connaître, alors, les effets dus au basculement dans l'hyperespace?

– Un jour, en compagnie de Shorloo et de Lynkhor, j'ai effectué une randonnée dans l'espace, avec une courte translation subspatiale, pour me permettre de m'habituer à des vols plus lointains que je pourrais être amenée à faire, en cas de nécessité.

– Shorloo?... Lynkhor? Des Extra-terrestres, j'imagine?

– Oui, le général Shorloo – responsable de ce Secteur Galactique dont la Terre fait partie – est plus particulièrement chargé, par le Haut Etat-Major, d'assurer avec son escadre spatiale la protection des Terriens contre les tentatives d'hégémonie religieuse des Grands Prêtres gardiens de la Divine Sagesse.

« Quant à Lynkhor, l'un des meilleurs agents des Services de renseignements de la Confédération, il maintient le contact avec les agents terriens... dont je fais partie.

Les étranges vibrations marquant, cette fois, la

sortie de subespace ne les prirent plus au dépourvu et tous trois, précipitamment, regagnèrent leurs couchettes, anxieux de savoir ce qu'ils allaient devenir sur le monde hostile où l'astronef ne tarderait pas à les déposer...

CHAPITRE V

Une demi-heure après son émergence du subespace, l'astronef aborda tangentiellement l'atmosphère d'une planète dont l'image s'inscrivit sur le petit écran de la cabine où étaient enfermés les prisonniers.

Rapidement, des mers, des continents aux contours inconnus défilèrent pour s'estomper dans la nuit de l'hémisphère opposé aux rayons du soleil. L'appareil accomplit une demi-révolution au-delà de la zone nocturne et plongea, révélant des forêts, des aires verdoyantes autorisant à penser que ce globe présentait des caractéristiques physiques analogues à celles de la Terre.

Au fur et à mesure que le vaisseau descendait vers les couches plus denses de l'atmosphère, la couleur du ciel – violet sombre au début – s'éclaircissait pour laisser éclater bientôt les rayons d'un soleil orangé au milieu d'un ciel bleu turquoise aussi limpide que celui de la Grèce.

L'engin se dirigeait vers une gigantesque métropole curieusement édifiée en spirale autour d'une montagne en forme de pyramide dont le sommet culminait à 2 500 mètres. La cité s'élevait sur une « corniche » – large d'au moins un kilomètre – qui se lovait en pente douce le long de la paroi rocheuse dont les teintes allaient du gris sombre à l'ocre rendu scintillant par des incrustations de quartz.

Au faîte de cette mégalopole titanesque se dressait un palais figurant en réduction l'aspect général de la cité elle-même. A la différence près qu'il semblait taillé dans un bloc de cristal d'une extraordinaire pureté; autour de sa masse pyramidale, une corniche déroulait ses spires jusqu'à une plate-forme circulaire que de formidables arcs-boutants décentraient par rapport au sommet, effilé comme une aiguille. Des végétaux ornaient cette corniche – buissons, haies soigneusement taillées, massifs de fleurs géantes aux riches coloris – dessinant un étrange jardin suspendu en spirale autour du palais percé d'une multitude de baies ouvrant sur de larges terrasses où l'on apercevait, déambulant, des hommes et des femmes drapés dans de longues tuniques blanches arborant sur la poitrine une spirale scintillante.

– Curieuse, cette manie de la spirale, nota Gilles Novak en scrutant l'écran mural.

– Ce n'est pas une manie, mais l'emblème religieux de la Divine Sagesse rayonnant à travers l'Univers à partir de Xinthya, la planète sainte et plus particulièrement à partir de cette mégalopole : Thyallouhora, la ville sainte par excellence où réside celui qu'on appelle La Divine Sagesse, l'Illuminé gardien des Traditions Sacrées.

– Un... pape, en quelque sorte? hasarda Régine Véran.

– Beaucoup plus qu'un pape puisqu'il ose entrer en conflit ouvert avec la Confédération Galactique dont il est pourtant une émanation.

– En survolant ce continent, nous n'avons aperçu que fort peu de villes, surtout des agglomérations de faible importance.

– Mes connaissances sur Xinthya sont assez maigres, Gilles. En dehors de la ville sainte de Thyallouhora, la planète compte principalement des petites villes-sanctuaires où, jadis, les fidèles venaient en pèlerinage, tous les cinq ou dix ans.

– Jadis? s'étonna Gilles. Cette religion n'est donc pas une religion d'Etat?

– Non et ce, depuis fort longtemps. La Confédération Galactique ne peut pas verser dans une religion aussi fantaisiste, dans son anthropomorphisme. En général, les peuples de la Confédération sont déistes, croyant en un Dieu assez proche de celui de ta croyance, Gilles : le Grand Architecte de l'Univers et proche aussi de Yahweh, le Dieu unique des Hébreux. Xinthya et les excentricités de la Divine Sagesse sont tolérées; c'est là une indulgence dont je ne puis m'expliquer la raison. J'ai interrogé Shorloo à ce sujet, il m'a paru gêné et a éludé mes questions.

– On se demande pourquoi, en effet, le Pouvoir Central n'a jamais investi cette Planète Sainte qui joue les trublions et, parfois, entre en lutte avec la Confédération, rumina Gilles, pensif.

Ce fut l'image de Xanor, apparue sur l'écran, qui répondit sur un ton ironique :

– Vous demanderez cela à la Divine Sagesse! Elle attend votre arrivée avec impatience. C'est là un honneur rare qui vous échoit, ricana-t-il. En règle générale, seuls sont admis à La rencontrer ceux que l'on peut qualifier de Très Saints... et ceux dont les crimes sont à ce point monstrueux qu'ils relèvent du jugement divin. Vous êtes dans ce cas!

La porte de la cabine s'ouvrit, livrant passage à Rokx, non plus vêtu du complet veston qu'il portait au cours de ses missions sur la Terre mais d'un justaucorps noir orné, sur la poitrine, d'une spirale blanche : emblème de la Milice Séculière au service de la Divine Sagesse.

Sa main droite braquait sur les captifs un pistolet au canon translucide, guère plus volumineux qu'un 6,35.

– Ne vous fiez pas aux dimensions de cet électrocuteur, menaça-t-il. Son rayonnement pourrait vous foudroyer en une seconde! Au moindre geste de révolte, vous en ferez l'expérience. Sortez, fit-il en s'écartant dans la coursive.

En quittant l'astronef, ils retrouvèrent Xanor, arborant le même uniforme sombre à spirale blanche. L'engin s'était posé sur la plate-forme excentrée du Palais de Cristal où d'autres appareils lenticulaires s'alignaient, juchés sur leurs tripodes d'atterrissage. Un plan incliné les conduisit sous une voûte de béton; là, un ascenseur tubulaire les amena au cœur même du palais. Le groupe s'arrêta devant une monumentale porte semblant taillée dans un bloc de jade opalescent. Rokx prononça quelques mots dans une langue incompréhensible pour les Terriens et la porte s'ouvrit lentement sur une immense salle circulaire dont les murs, le plafond et le parquet, en matériaux translucides, prenaient des tons irisés sous les rayons du soleil. Au milieu de la salle, sur un trône surélevé constituant le sommet d'une spirale éblouissante, se tenait un vieillard drapé dans une longue tunique immaculée.

Les prisonniers éprouvèrent une curieuse impression de « déjà vu » en apercevant ce singulier personnage; celui-ci ressemblait, en effet, à l'apparition des Saintes-Maries-de-la-Mer. Mais peut-être s'agissait-il d'une simple coïncidence?

Xanor s'était prosterné avec humilité devant la Divine Sagesse cependant que Rokx, d'un violent coup de poing dans le dos, forçait les Terriens à l'imiter. Lorsque tous se furent allongés sur le dallage lumineux, il se prosterna à son tour.

Non plus dans la langue utilisée par les miliciens, mais en français, le monarque spirituel prononça d'une voix vibrante :

– J'ai suivi votre chasse et son heureux résultat, Rokx et Xanor. Je vous en félicite au nom de la cause sacrée que vous défendez. Vous avez mérité de choisir pour ces sacrilèges le châtiment qu'il vous plaira de leur infliger. Auparavant, ils seront enfermés jusqu'à demain dans la prison du palais, afin de méditer sur leur misérable condition de candidats aux supplices. Allez, des gardes conduiront les condamnés à la cellule commune.

Après s'être de nouveau prosternés, les miliciens, d'un coup de botte dans les côtes, forcèrent les captifs à se relever. Stoïka étouffa une plainte et, grimaçant de douleur, porta la main à sa poitrine. Ne pouvant contenir sa rage plus longtemps, Gilles décocha un direct foudroyant à Xanor et plongea sur lui pour accompagner sa chute. Ils luttèrent ainsi plusieurs minutes, sous le regard intéressé du vieillard qui, du geste, avait retenu l'intervention de Rokx. Cette bagarre, que les jeunes femmes suivaient avec angoisse, paraissait le divertir. Il se décida à faire un signe et Rokx, obéissant, empoigna Gilles par la chevelure, lui appliqua une manchette sur la carotide et dégagea son collègue.

Laissant le journaliste à demi-inconscient, les miliciens se retirèrent tandis que Stoïka et Régine, la gorge nouée par l'émotion, aidaient leur ami à se remettre sur pieds. Gilles enfouit sa main droite dans sa poche et en retira un mouchoir avec lequel il s'essuya la bouche. Stoïka examina la commissure de ses lèvres et murmura :

– Tu ne saignes pas..., chéri.

– Je sais, mon ange, répondit-il dans un souffle, avec un fugitif sourire qui parut bizarre et déplacé à Régine Véran.

– Impulsif et révolté, hein? jeta le vieillard juché sur son trône. Tout à fait ridicule et vain. La moindre tentative de fuite ou d'insubordination, ici, se solderait par un échec. Autant vous montrer passifs, accepter votre sort... et le châtiment que Rokx et Xanor choisiront pour vous. Incarnation du Dieu de l'Univers, moi, la Divine Sagesse et mes disciples répugnons à faire couler le sang. Nous laissons cette nécessité à la Milice Séculière qui a toute latitude pour exercer sur les coupables les mortifications destinées à purifier leur âme, si cela se peut.

Le vieillard contempla un long moment la jeune gitane et la colère flamboya dans ses yeux gris :

– Tu as commis le plus grand crime qu'un mortel

puisse commettre, Stoïka. Avec la complicité de cet homme, fit-il en désignant le journaliste, tu as voulu attenter à la vie de la Divine Sagesse!

– Ainsi donc, c'était bien *vous!* s'exclama Gilles. Voilà pourquoi j'ai eu l'impression de vous avoir déjà vu, tout à l'heure, en entrant ici...

Il serra les poings et éclata :

– Vous n'êtes qu'un imposteur! Une divinité de pacotille qui agit sur les foules en simulant une apparition céleste par le truchement d'une projection holograhique [1], probablement relayée depuis le satellite que vous avez mis en orbite autour de notre planète!

Le vieillard eut un rire silencieux avant de répondre :

– Je rends hommage à votre perspicacité, Gilles Novak. Mais ne vous hâtez pas de conclure sur de vaines apparences. Depuis plus de cent mille ans,

1. Très schématiquement, le procédé holographique consiste à diviser par une série de miroirs le faisceau d'un laser projeté sur un objet. Celui-ci renvoie de la lumière sur la plaque sensible spéciale, sur laquelle interfère en même temps une fraction du rayon lumineux du laser divisé par le système de miroirs. Ces interférences créent des images-fantômes, dans la masse même de l'émulsion de la plaque. Au stade actuel de notre technologie, on obtient des images au relief total, dont on peut observer tous les aspects en déplaçant la tête. Dans un stade à venir, des projections holographiques tridimensionnelles seront possibles dans l'espace, créant dès lors de véritables « fantômes » d'objets ou de personnes. A noter incidemment que bien des « savants » crièrent à la supercherie, il n'y a pas bien longtemps, lorsque des précurseurs s'attaquèrent à l'holographie... maintenant au point!

selon la chronologie terrestre, les Elohams – nom générique des humanoïdes de la grande Confédération Galactique – se sont donnés pour mission d'activer, relativement parlant, l'évolution des habitants de certaines planètes, dont la Terre. Au cours de multiples séjours sur votre monde, échelonnés tous les dix millénaires approximativement, ils ont donné, chaque fois, un coup de pouce à l'évolution des divers peuples terrestres. A chaque séjour, ils étudiaient les résultats de leur précédent enseignement et notaient, fréquemment, la naissance de légendes de dieux venus des cieux, légendes formées après leur passage parmi les primitifs. Certains peuples, davantage impressionnés par leurs cosmonefs que par eux-mêmes – somme toute, analogues aux Terriens – vouaient un culte à ces engins célestes qu'ils identifiaient à des « dragons volants ».

« Ces missions civilisatrices étaient composées de techniciens, de savants, de chercheurs et de prêtres, ces derniers ayant pour tâche d'étudier plus spécialement les croyances nées des séjours éphémères des Dieux venus du ciel.

« Voici une quinzaine de millénaires le clergé, devenu tout-puissant et autonome dans la Confédération Galactique, décida de choisir l'Inde pour y développer la religion de la Divine Sagesse. Las, tout n'alla pas aussi simplement qu'on pouvait l'espérer. Depuis une génération environ, le Corps Scientifique des Elohams avait établi une véritable tête de pont en Inde. Lorsque mon très lointain prédécesseur – La Divine Sagesse qui présidait alors aux destinées spirituelles des Elohams – voulut appliquer un plan de « conversion religieuse » massive, les scientistes s'y opposèrent : pour eux, la Terre n'était qu'une planète expérimentale et il ne convenait pas de forcer, de conditionner ses habitants à une religion toute faite, les autochtones ayant bien le temps de bâtir eux-mêmes leur religion au cours des millénaires à venir.

« De ce désaccord fondamental, une guerre éclata entre les Elohams scientistes et le Clergé; guerre meurtrière qui ravagea les colonies Elohamites de l'Inde et fit une hécatombe parmi les hindous, les uns partisans des scientistes, les autres du clergé. Ces combats effroyables où s'opposèrent des escadrilles d'aéronefs et d'astronefs, où des bombes nucléaires, des rayons thermiques ou paralysants furent employés, se soldèrent par une défaite commune. Les survivants furent rappelés par le Pouvoir Central de la Confédération qui osa, même, infliger de sévères peines au clergé, rendu responsable de ce carnage lors même qu'il ne cherchait que le salut spirituel des peuples primitifs de l'Inde.

– De ces épisodes sanglants, il subsiste des traces éloquentes dans le Maha Bharata hindou et dans les Stances de Dzyan, lumineusement commentées, au siècle dernier, par Héléna Pétrovna Blavatzky dans sa *Doctrine Secrète* [1], opina Gilles Novak, malgré lui captivé par ce récit qui confirmait les convictions intimes auxquelles de nombreuses années de recherche dans les textes sacrés lui avaient permis d'aboutir.

1. Ouvrage monumental plein d'enseignements, en dépit de l'acharnement avec lequel la conjuration « scientifique » s'est toujours efforcée de le dénigrer! (Paru aux Ed. Adyar, Paris).

Le vieillard le considéra avec un certain intérêt :

– En effet, Gilles Novak, ces épisodes sanglants de la guerre opposant les « Seigneurs à la face sombre » aux « Seigneurs à la face éblouissante » sont bien contenus, avec des précisions extraordinaires, dans les textes sacrés dont vous avez fait mention. Guerre purement mythique aux yeux des non-initiés...

– Si j'ai bien compris, déclara calmement le journaliste, les « Seigneurs à la face sombre », représentant le clan maléfique, désignait en fait *votre* clergé?

La Divine Sagesse plissa ses paupières pour ne laisser filtrer qu'une lueur méprisante :

– Selon la tradition hindoue, oui. En fait, les vrais coupables furent les scientifiques Elohams...

– ... Qui prônaient la liberté d'option spirituelle pour les Hindous après leur avoir transmis un enseignement de base, enchaîna Gilles. Cela me paraît pourtant relever du meilleur bon sens, de la part des Elohams! Votre rôle était de donner à ces peuples une impulsion spirituelle initiale, qu'ils auraient pu par la suite développer au gré de leur évolution. Or, vous, les tenants du clergé, vous entendiez *asservir* spirituellement ces primitifs à vos croyances.

« A partir de cette discorde entre les Elohams laïcs et religieux devait naître le schisme qui, au cours des millénaires, fut marqué par d'autres luttes d'influence sur ce terrain d'expérience spirituelle que constituait la Terre! Vos discordes s'exercèrent aussi, plus tard, au Mexique et en Amérique Centrale; les mythologies de ces régions en attestent avec leurs allégories, nébuleuses pour le profane mais claires pour l'initié à ce néo-ésotérisme qui a pour but de rechercher, dans les vieilles traditions et légendes, les traces d'activités des « Dieux Civilisateurs » venus de l'espace sur la Terre. Des textes sacrés sont parvenus jusqu'à nous, qu'il faut savoir lire entre les lignes et décrypter. Tels le *Popol Vuh*, bible indienne Maya-Quiché et le Livre de *Chilam Balam*, de Chumayel, d'origine maya, qui rapportent les exploits et les luttes des Grands Itzas – les Instructeurs – de Kukulkan ou de Quetzalcoatl, le Serpent à Plume, le Dieu blanc et barbu.

« Le prophète Chilam Balam relate ainsi l'un de ces épisodes guerriers entre vos deux clans : « *Voici que viennent d'abondants soleils* (vos astronefs). *Et les pattes des animaux s'embrasèrent et le bord de la mer s'embrasa. C'est la mer d'amertume. Et le visage du soleil fut mordu, son visage s'obscurcit... et la terre trembla. Et alors vinrent les dieux-scarabées* (vos prêtres amenés par des engins dont la forme rappelait celle des scarabées), *les malhonnêtes, ceux qui mirent le péché en nous, ceux qui étaient la boue de la terre.* »

« Mais n'épiloguons pas sur cet épisode... exotique et enchaînons plutôt avec ce qui nous concerne plus directement, nous, les Terriens de l'ancien continent et, en particulier, les peuples sémitiques, les Hébreux qui baptisèrent *Elohim* – pluriel d'*Eloha* – les Elohams venus les aider à progresser bien longtemps avant l'avènement du Christ.

– Je salue au passage votre exégèse, ce néo-ésotérisme qui vous a permis d'aboutir à des conclusions aussi proches de la vérité, fit le vieillard. Effectuons un bond dans le temps et reportons-nous à l'époque de Moïse, choisi par l'un de nos Commandos Civilisateurs pour recevoir l'enseignement qu'il allait ensuite dispenser à son peuple errant. Là aussi, des projections holographiques nous permirent de créer des apparitions de Yahweh, aux yeux de cet homme extrêmement intelligent et doué d'un puissant ascendant sur ses semblables.

« Graver les Tables de la Loi sur le Livre de pierre à l'aide d'un faisceau laser ne fut pour nous qu'un jeu... Un jeu qui impressionna fortement Moïse, certes, de même que l'apparition « divine » dans le Buisson d'Horeb ou buisson ardent, sur l'un des monts du Sinaï.

« Déjà, en semant ces premiers ferments de la croyance monothéiste, nous caressions l'espoir de pouvoir contrôler librement nos projets et nous entendions nous libérer du joug des scientistes qui, eux, voulaient que nous nous bornions à « donner un coup de pouce » en matière d'enseignement spirituel pour, ensuite, leur céder la place. Le Pouvoir Central nous autorisait de simples contacts fugitifs avec les Hébreux, car il n'avait pas oublié la guerre meurtrière survenue bien des millénaires plus tôt en Inde.

« Certains de leur bon droit et soucieux de répandre la doctrine divine, les Instructeurs Spirituels – bien avant « l'opération Moïse » – passèrent outre et prirent même pour compagnes nombre de filles de la Terre...

– Sixième chapitre de la Genèse! le coupa Gilles Novak, subjugué par ce récit confirmant point par point ses propres recherches qualifiées de divagations par le commun, bien trop englué dans le conformisme et le conditionnement des croyances « officielles » pour admettre l'effarante vérité.

– Oui, ce lointain épisode est effectivement rapporté en ces termes dans le sixième chapitre de la Genèse : « *Lorsque les hommes commencèrent d'être nombreux sur la face de la terre et que des filles furent nées, les Fils de Dieu trouvèrent que les filles des hommes leur convenaient et ils prirent pour femmes toutes celles qu'il leur plut. (...) Les Néphilim étaient sur la terre en ces jours-là (et aussi dans la suite) quand les fils de Dieu s'unissaient aux filles des hommes et qu'elles leur donnaient des enfants; ce sont ces héros du temps jadis, ces hommes fameux* [1].

« A noter qu'une légende populaire hébraïque de l'antiquité voyait dans ces Néphilim des titans orientaux, nés de l'union entre des mortelles et des êtres célestes [2]. Tel était bien le cas puisque ces Néphilim avaient eu pour pères nos ancêtres ayant formé ce Commando d'Instructeurs religieux dissidents!

« Cette mission prématurée fut sévèrement condamnée par le Pouvoir Central qui dépêcha sur la Terre une escadre spatiale chargée de ramener les coupables, solidement implantés en Asie Mineure. Le heurt fut violent et, sous l'action d'un puissant champ de force, l'Euphrate, ce fleuve qui baignait la

1. *La Bible*, Première Édition Œcuménique (Éditions Planète), tome 1.
2. Rapporté dans les commentaires de la Bible déjà citée, et seulement dans cette édition particulièrement documentée.

contrée où les Instructeurs dissidents s'étaient établis, quitta son lit, provoquant de gigantesques inondations conservées dans la Tradition sous le nom de Déluge. En prévision des risques qu'allait entraîner la bataille, un groupe de colons-instructeurs aida Noé à construire son arche et à sauver ainsi du désastre nombre d'espèces vivantes de ces contrées [1]...

« Ainsi, ce que la tradition a appelé la Colère Divine – l'Éternel dit, selon cette Tradition : *j'exterminerai de la face de la terre l'homme que j'ai créé* – fut en réalité la colère du Pouvoir Central dont les représentants, à bord de leurs astronefs, prenaient figure de dieux ou d'anges exterminateurs !

« Mais revenons à Moïse et à son Arche d'Alliance, cette sorte de châsse sacrée, construite par le prophète sous les directives de Yahweh – entendez un instructeur Eloham – et que les Hébreux promenaient dans le désert, sur un plateau de bois dont les bras étaient posés sur leurs épaules.

« Ces porteurs étaient revêtus de longs manteaux dont les franges en fils d'or traînaient par terre. Cette Arche d'Alliance, nul, hormis les porteurs, ne devait la toucher, sous peine d'être foudroyé par l'Éternel. Or, il advint un jour que, l'un des porteurs ayant trébuché, l'Arche faillit choir. L'un des Hébreux qui marchait à proximité, vêtu d'un simple pagne ou d'un humble manteau, se précipita dans l'intention louable de l'empêcher de tomber. Mais

1. Une « arche » qui ressemblait singulièrement à un vaisseau... spatial. Voir les captivants ouvrages d'Éric Guerrier parus aux Ed. du Rocher : « Le dernier testament des dieux », « Les Dieux et l'Histoire Sainte. »

sitôt qu'il l'eut touchée, il s'écroula, foudroyé... Ladite Arche était en réalité un générateur électrostatique surpuissant destiné à perturber les circuits anti-gravité des astronefs du Pouvoir Central, cela dans l'éventualité où ils se seraient avisés de venir voir de plus près cette colonne d'émigrants qui s'étirait dans le désert... Et dont l'ensemble offrait pour nous un intéressant terrain d'expérience spirituelle!

« Nos vaisseaux, cela va de soi, étaient équipés de telle sorte qu'ils demeurassent insensibles aux effets perturbateurs de l'Arche d'Alliance. Mieux, grâce à des détecteurs spéciaux, celle-ci nous servait de balise électrostatique nous permettant de localiser aisément, dans l'immensité du désert, la colonne des Hébreux, lorsque nous voulions nous manifester à eux. Mais, pour éviter aux porteurs d'être électrocutés comme l'avait été l'imprudent, ces porteurs revêtaient de longues capes dont les franges d'or traînaient à terre et conduisaient, en cas de contact accidentel, le flux électrostatique vers le sol, donc sans dommage pour les hommes chargés de transporter le générateur.

« Celui-ci, à chaque étape, était placé au milieu de la grande tente de Moïse, tente parallélépipédique protégée de surcroît par un immense parvis de tentures soutenues par de solides piquets en bois d'acacias. Il fallait, en effet, interdire aux curieux d'approcher lorsque l'astronef des Instructeurs manœuvrait pour se poser entre le parvis et la tente, dite « Demeure » ou Tente de Réunion. C'était là que Moïse d'abord, Aaron et ses fils, de même que Josué, fils de Nun ensuite, reçurent les « visiteurs célestes » et leur enseignement. Dans l'*Exode* et les

Nombres, la Bible relate ces contacts sans erreur possible : – *Quand Moïse sortait (du camp) pour se rendre à la Tente, le peuple entier se levait; chacun se postait devant la porte de sa propre tente et suivait Moïse des yeux jusqu'à ce qu'il parvînt à la Tente (de Réunion). Au moment où Moïse y pénétrait, la colonne de nuées* (entendez l'astronef illuminé par son champ d'ionisation) *descendait et s'immobilisait à l'entrée de la Tente; alors Yahweh s'entretenait avec Moïse et tout le peuple, à cette vue, se prosternait.*

« Tout cela est irréfutablement narré dans la Bible, mais à l'aide d'un vocabulaire restreint très approximatif. C'est ainsi que l'astronef a reçu le nom de « nuées de gloire » – parfois de « char de feu » – et l'Envoyé chargé d'instruire Moïse de Yahweh. De même, nos ancêtres civilisateurs reçurent-ils le nom hébreu de Kheroubim, c'est-à-dire chérubins ou anges.

« D'autres prophètes succédèrent à Moïse, instruits comme lui par les Elohams – ou Elohim – par le clergé toujours sous le contrôle des scientistes, lesquels ne voulaient point brusquer les choses. Ezéchiel, Zacharie, Elie eurent eux aussi maints contacts avec les « anges » venus du ciel sur des «nuées », des « roues » ou « chars de feu », Elohams chargés de les préparer au grand événement qui devait couronner le conditionnement de ce peuple, j'ai nommé : l'Opération Jésus.

« Au cours des générations précédant la naissance de Jésus, nos savants étudièrent un très grand nombre de jeunes Terriennes au plan biologique, physiologique, génétique, psychologique avant de découvrir enfin un sujet correspondant à leurs desseins. Ce sujet, ils le trouvèrent parmi une communauté essénienne, secte d'initiés infiniment plus évolués que ne le laissent croire les textes théologiques de l'époque actuelle; disons de l'époque antérieure à la découverte des fameux manuscrits de la Mer Morte qui remirent – et remettront encore – bien des choses en question.

« Ce sujet, donc – Myriam ou Marie, épouse de Joseph – fut placé en état d'hypnose par l'un de nos psycho-biologistes et reçut alors, par insémination artificielle, une semence dont les gènes, les chromosomes, étaient le résultat d'une patiente combinaison. Telle fut, en vérité, ce que l'on devait appeler dans l'Histoire Sainte : l'Opération du Saint-Esprit. Mathématiquement, celle-ci devait aboutir à la naissance d'un garçon présentant des qualités exceptionnelles d'intelligence, de dons parapsychologiques allant de la télépathie à la lévitation en passant par la psychokinèse ou action directe de la pensée sur la matière. Autant de qualités, de pouvoirs *surhumains* qu'il pourrait développer en recevant, le moment venu, une initiation spéciale. Celle-ci eut lieu lors des années qualifiées d'obscures pendant lesquelles l'histoire perdit la trace de Jésus.

« Instruit partiellement de nos projets, Jésus devint le Rédempteur, le Sauveur – *post mortem* – de l'humanité, soulevant les foules, semant par sa sagesse, son exemple, le bonheur et la foi chez ceux qui l'entendaient, l'aimaient et le suivaient. Notre tâche avait donc réussi...

Gilles Novak examina l'expression mystique, le regard exalté du vieillard puis objecta :

– Je ne suis pas tout à fait certain que les choses se soient passées ainsi. Intuitivement, je le sens, vous avez laissé de nombreux points dans l'ombre, *ne serait-ce que votre duperie à l'égard de Jésus!* Vous, ou plutôt vos ancêtres, auriez dû soutenir d'une façon plus efficace, ses efforts visant au perfectionnement moral des Terriens. Car Jésus, malgré son étincelle divine, n'était qu'un homme. Un homme – un Eloham – exceptionnel, certes, mais un homme! Et au lieu de lui permettre d'achever la tâche grandiose à laquelle vous l'aviez attelé, vous l'avez trahi et laissé mourir sur la croix! Sur la croix où ses dernières paroles furent : *Eloï, Eloï, lamma sabacthani!* En hébreu, cela signifie : « Mon Dieu, mon Dieu, pourquoi m'as-tu abandonné? » Jésus est mort désespéré de n'avoir pu achever de convertir à l'amour et à l'indulgence ceux qu'il aimait comme ses propres frères! Vous lui avez permis de faire des miracles, mais celui qu'il attendait de vous, tout au long de son agonie, n'est pas venu : *vous l'avez abandonné!*

« Il y a eu, au cours de votre... mission de pseudo-dieux civilisateurs, suffisamment de fautes, de guerres et de carnage pour que nous puissions voir en votre clergé une assemblée de... Lucifériens, ces « anges déchus » dont parle la Bible!

– Je vous interdis de..., commença la Divine Sagesse.

– Notre sort étant réglé d'avance, je me passerai de votre autorisation pour dire ce que je pense de vous et de vos sbires! clama Gilles Novak. Votre rôle exact, au cours des âges, me paraît extrêmement trouble, sans que je ne puisse, hélas! cerner toute la vérité. Néanmoins, le fait que vous cherchiez, actuellement, à ranimer par des soi-disant miracles la foi des Terriens me paraît choquant et dangereux! Dans quel but projetez-vous ces hologrammes sur la Terre, tendant à accréditer chez les Tziganes l'apparition de Sinpétra, le vieux dieu des Chalدérasha?

Scandalisé par cette audace, le vieillard prit appui sur les accoudoirs de son trône, se leva à demi, puis se rassit avant de répondre :

– Pour ranimer la foi défaillante et entretenir le principe sacré des Révélations divines! Nous avons également, dans ce même esprit sacré, provoqué les apparitions de Lourdes, de Sainte-Thérèse de Lisieux, celles des pastoureaux de Fatima et d'autres encore qui n'eurent point de retentissement aussi grand.

– C'est monstrueux! Une telle imposture qui vous fait agir – tout comme vos prédécesseurs – à l'instar de Dieu le Père, a quelque chose de révoltant, d'ignoble! Passe encore que les humains, à l'aube des temps bibliques, aient vu en vos ancêtres des envoyés de Dieu; passe, aussi, que nos croyances reposent sur cette monumentale mystification, admissible dans la mesure où elle tendait à donner une éthique, une conduite spirituelle monothéiste aux divers peuples. Mais aujourd'hui, pourquoi user de tels procédés?

– Pour l'excellente raison que, émanation directe du Dieu de l'Univers, moi et mes disciples continuons d'appliquer les procédés que Dieu nous a dictés.

– Je n'en crois pas un mot! tonna le journaliste.

Vous et vos complices êtes des imposteurs jouant avec la foi, la crédulité des humains. Je me demande pourquoi le Pouvoir Central – dont la conduite me paraît infiniment plus propre que la vôtre – n'a pas mis un terme aux forfaitures de ceux qui vous ont précédé sur ce trône!

Le vieillard fit entendre un rire sinistre.

– Je vais vous le dire; *le Pouvoir Central a peur!* Oui, il a peur de lancer ses escadres spatiales à l'assaut de Xinthya, la planète sainte, dont le cœur est relié à une chaîne de *Disrupteurs de Quarks!* Savez-vous seulement ce que sont les Quarks? Les savants terriens en ont pris conscience dans les vingt années écoulées à peine. Les Quarks sont des « états d'énergie », des champs énergétiques infinitésimaux qui assurent la cohésion des éléments ultimes de la matière, au sein du noyau des atomes. Nul, jusqu'ici, n'est parvenu à créer un dispositif capable de détruire intégralement les hypercharges des Quarks et de provoquer ainsi la désintégration *totale,* absolue, définitive de la matière. Nos chercheurs, indépendants des laboratoires du Pouvoir Central, eux, ont pu mettre au point un disrupteur de Quarks. Et le cerveau de commande relié à la chaîne de disrupteurs, enfouis dans les entrailles de Xinthya, est logé au fond d'un puits géant, profond de huit cent mille mètres, sous Thyallouhora, la Ville Sainte, et plus exactement *sous nos pieds,* à la verticale de mon palais.

« Que les Elohams du Pouvoir Central *s'avisent d'attaquer Xinthya et, dans l'heure* qui suivra, Xinthya sera désintégrée... Mais sa désintégration, trouvant un support d'expansion grâce aux champs de gravitation galactiques, entraînera la destruction ultime de la Galaxie et de ses milliards de systèmes solaires. »

Le vieillard observa un instant de silence pour narguer ses captifs.

– Croyez-vous un Eloham assez fou pour prendre ce risque suprême? Nos heurts se bornent donc à des échauffourées, à de menues incursions opposant nos commandos Spirituels – basés à bord de certains satellites placés autour des planètes expérimentales, telle la Terre – aux agents du général Shorloo chargé de faire obstacle à la poursuite de nos expériences. Et ce ne sont pas des Terriens tels que vous, qui mettront fin à notre mission divine!

« Vous n'êtes pas les premiers à avoir été conditionnés et endoctrinés par Shorloo pour devenir ses complices. La prison du palais et celles des Miliciens Séculiers en sont remplies, car ce guerrier corrompu s'emploie depuis près de dix ans à lever une armée terrienne secrète prête à agir pour servir ses intérêts.

– Qu'entendez-vous par « ses intérêts »? s'étonna Stoïka. Vous avez hésité sur ces mots. Pourquoi?

– A quoi bon vous le dire? Cela ne vous empêchera pas de subir le châtiment qu'estimera devoir vous infliger la Milice Séculière. Je ne puis plus rien pour vous; je vous pardonne vos crimes et me désintéresse désormais de votre sort. Des gardes vont vous conduire dans la cellule commune des condamnés. Repentez-vous car, si je vous ai pardonné, les Miliciens, eux, n'auront point ma clémence et vous feront subir, à leur gré, des châtiments purificateurs... dont vous comprendrez la nature en traversant la Salle des Mortifications.

La Divine Sagesse appuya sur un bouton placé sous l'un des appuis-bras du trône et six gardes en collant noir – spirale blanche sur la poitrine – se présentèrent pour escorter les prisonniers...

CHAPITRE VI

Les captifs, sous bonne garde, empruntèrent un ascenseur dont la descente leur parut interminable. Cette « chute », à une vitesse extrêmement rapide, les autorisa à penser qu'ils devaient se trouver à des milliers de mètres de la salle du trône juchée au sommet de la Ville Sainte, haute d'environ 2 500 mètres. Aussi, ce secteur souterrain de Thyallouhora devait-il s'étendre à 3 000 mètres au moins au-dessous du niveau du sol; partant, à plus de 5 000 mètres de profondeur par rapport au Palais proprement dit.

Dans un long couloir fort animé, percé de place en place par des portes d'acier, ils croisèrent à diverses reprises des femmes taillées en Hercule, revêtues du sinistre collant noir de la Milice Séculière. Deux d'entre elles tiraient quatre prisonniers, enchaînés par le cou et les mains liées dans le dos. Des Terriens, couverts d'ecchymoses, hirsutes et les vêtements en lambeaux.

Gilles, Stoïka et Régine croisèrent leurs regards remplis de détresse et sursautèrent lorsqu'on leur ordonna de s'arrêter. Un vantail s'ouvrit sur une vaste salle, faiblement éclairée comparée à la clarté des couloirs au plafond électro-luminescent. Ce qu'ils aperçurent d'entrée leur arracha un cri d'horreur : la Salle des Mortifications – ils l'avaient compris à la façon dont la Divine Sagesse en parlait – était une salle de tortures emplie de hurlements, de râles, de gémissements et où flottait une abominable odeur... organique.

Contre les murs, des hommes, des femmes de tous âges étaient attachés à des anneaux; d'autres étaient suspendus, par les pouces, à un portique enjambant une fosse bardée de pieux effilés. Au centre de la salle, une rangée de croix, articulées à leur base et pouvant être couchées sur le sol afin de permettre aux bourreaux d'y crucifier les victimes de ce monstrueux sadique se donnant pour une « émanation du Dieu de l'Univers »!

– Vous n'avez pas de chance, ricana l'un des gardes, dans un français teinté d'un accent rauque. Les séances de mortifications ont pris fin pour aujourd'hui. C'est pourquoi la salle est à peu près calme et n'offre qu'un spectacle sans intérêt. En pleine séance, on ne s'entend plus! Comme si les cris ou les supplications pouvaient effacer les crimes! Souvenez-vous-en, demain, quand vous subirez les premières épreuves, fit-il en désignant, accrochés au mur, des fouets et des tigelles bardées de piquants dont le manche, caoutchouté, était relié par un câble à une prise de courant.

« La dernière épreuve est la croix ou le pal...

Une bouffée de rage sourde agita un instant le journaliste; il sembla hésiter puis renonça à agir, se laissa entraîner vers l'autre extrémité de cette effrayante salle de tortures. Là, les captifs franchirent une porte donnant sur un étroit couloir; sur leur droite, un panneau coulissa, livrant passage à Rokx et Xanor en compagnie de deux miliciennes dont les yeux brillèrent d'une joie sadique anticipée à la vue de Gilles Novak.

– Comment trouvez-vous notre Salle des Mortifications? railla Xanor. Elle aurait fait jadis, j'en suis sûr, l'admiration de nos... collègues Inquisiteurs. Demain, vous pourrez en apprécier vous-mêmes les installations!

Puis s'adressant aux gardes :

– Enfermez-les avec les autres.

Au niveau du verrou magnétique de la porte de gauche, l'un des gardes présenta le bracelet métallique qu'il portait au poignet; le vantail joua sans bruit et ils furent poussés dans une grande cellule où s'alignaient des rangées de lits gigognes. A leur entrée, une vingtaine d'hommes et de femmes – la plupart assis sur les lits inférieurs ou sur les bat-flanc fixés aux murs – s'étaient levés, brusquement inquiets. La porte refermée, les trois nouveaux venus restèrent, un instant, immobiles, comme hébétés, la gorge nouée par l'émotion qu'avait suscitée en eux l'épouvantable salle de tortures.

Ces hommes et ces femmes qui les dévisageaient en retour ne semblaient pas avoir été maltraités. L'un d'eux, revêtu d'un justaucorps gris métallisé, s'avança, marcha vers Stoïka qui, médusée, se précipita vers lui.

– Lynkhor! s'exclama-t-elle. Mon Dieu!... Toi aussi, tu es tombé en leur pouvoir!

L'homme – un Eloham âgé au plus de trente-cinq

ans, solidement charpenté – eut un faible sourire et prit ses mains qu'il serra longuement dans les siennes :

– Hélas! oui, ma pauvre Stoïka...

Cette dernière le présenta en ces termes à ses amis :

– Le commandant Lynkhor, dont je vous ai déjà parlé, est l'adjoint direct du général Shorloo; il est principalement chargé des Services de Renseignements Elohamites œuvrant en Europe.

L'officier s'inclina devant Régine Véran et Gilles Novak pour ajouter, avec une amère ironie :

– Belle fin pour un spécialiste des Services Secrets Galactiques, n'est-ce pas?

Les autres captifs faisant cercle autour d'eux se présentèrent à leur tour. Leur enrôlement par les Elohams datait de moins d'un an; seul un prêtre corpulent, âgé d'une cinquantaine d'années, appartenait à l'organisation clandestine depuis onze ans. Gilles fut surpris de trouver un ecclésiastique parmi ces malheureux. L'abbé Jacques Morvan sembla deviner la cause de son étonnement :

– Je suis pas le seul prêtre, vous savez, à appartenir à cette Sainte Alliance occulte formée par les Elohams. Le problèmes des Objets Volants Non Identifiés et de leur origine me passionne depuis vingt ans. Et à la lumière du néo-ésotérisme professé dans vos écrits, monsieur Novak, la lecture de la Bible m'a permis de comprendre l'effarante vérité sur la nature extra-terrestre des *Kheroubim* ou chérubins, des anges et autres messagers célestes dont parlent les Écritures. Aussi bien ai-je été rapidement conquis lorsqu'un envoyé de Shorloo, un jour, prit contact avec moi, dans ma modeste paroisse de Vendée.

– Vous avez vu le... la « Divine Sagesse », monsieur l'abbé? s'enquit Régine.

– « Elle » m'a fait cet honneur, sourit-il. Un maniaque, mégalomane comme tous ses prédécesseurs, plus éloigné de Dieu que ne peut l'être le plus indigne des mortels!

Gilles Novak hasarda cette question :

– Ce vieux fou – comme il l'a fait pour nous – vous a-t-il brossé un tableau de l'origine des religions terrestres?

– Oui, il ne m'a rien épargné.

– Et qu'en avez-vous déduit, monsieur l'abbé?

– Il y a sûrement du vrai dans tout cela; cependant, à défaut de pouvoir connaître la version authentique et objective des faits – de l'époque moïsiaque à l'avènement du Christ – rien ne m'autorise à penser que Dieu est le fruit de l'imagination de ce clergé monstrueux auquel nous devons d'être ici aujourd'hui... Je n'ai pas peur de la mort, mes amis, mais je regretterai de mourir sans avoir pu connaître les dessous de ce drame, de ces épisodes obscurs d'où naquirent les religions terrestres.

– Vous n'êtes pas encore mort, l'abbé, sourit Gilles avec une mimique bizarre qui intrigua Stoïka. Asseyons-nous et bavardons un peu de votre vie, ici.

Etonnés, les captifs s'assirent en cercle, à même le sol. Le commandant Lynkhor, galamment, offrit sa main à Régine pour lui permettre de s'asseoir à ses côtés, proche de Gilles et de Stoïka.

– Comment se déroule la fin de la journée, dans cette prison?

– Les uns et les autres avons été arrêtés il y a une semaine environ. Jusqu'à hier après-midi, nous étions par groupes de quatre, enfermés dans des cellules du secteur situé de l'autre côté de la salle des tortures. Nous avons tous été réunis ici-même hier en fin d'après-midi. Le repas du soir est distribué vers dix-neuf heures, heure française, naturellement. Plusieurs d'entre nous ont pu conserver leur montre.

Stoïka était de ceux-là. Elle consulta machinalement son Navitimer « Jupiter 2300 » : dix-huit heures trente.

– Couvre-feu à vingt heures, poursuivit l'abbé Morvan. Le plafond électro-luminescent de la cellule commune baisse d'intensité et nous nous couchons. Réveil à six heures trente. Petit déjeuner : une sorte de purée végétale abjecte. Et demain...

Il marqua une hésitation avant de continuer.

– Demain, nous a-t-on dit, nous serons conduits à la Salle des Mortifications.

– Le repas du soir, comment cela se passe-t-il? insista Gilles, préoccupé.

– Des gardes, au nombre de quatre, nous apportent des sachets plastifiés renfermant une nourriture sans goût, pâteuse, qui nous permet de tromper notre faim. Nous jetons les emballages dans la fente d'un vide-ordures automatique logé au fond de la cellule commune, près des lavabos.

Gilles saisit le poignet de Stoïka, regarda le cadran noir de son Breitling et reprit :

– Nous avons encore un quart d'heure avant la distribution. Voici mon plan...

Le commandant Lynkhor l'arrêta du geste :

– Je ne mets pas en doute votre courage, Gilles Novak, mais n'oubliez pas que les gardes viennent à deux dans la cellule et que deux autres restent dans le couloir. Agresser les deux premiers n'est pas chose impossible, mais comment venir à bout de leur résistance en quelques secondes – et sans bruit – afin de surprendre ensuite les autres? Au moindre tapage, au moindre appel, les hommes restés en couverture dans le couloir feront irruption dans la cellule et nous serons massacrés!

– Il ne faut pas, justement, qu'il y ait le moindre décalage entre le moment où les deux gardes porteurs des repas seront mis hors d'état de nuire et celui où nous nous occuperons des autres.

– Gilles, intervint l'abbé Morvan, votre plan me paraît terriblement risqué.

– L'heure, chérie? fit le journaliste, sans remarquer la mine ahurie du prêtre qui, une seconde, avait pris cette question pour lui.

– Dix-huit heures cinquante-trois, répondit la jeune Tzigane.

– Sept minutes encore. Laissez-moi achever, l'abbé, dit-il en retirant de sa poche un électrocuteur qui laissa les captifs pantois de stupeur.

– Formidable! exulta son amie. Je comprends enfin pourquoi, dans la salle du trône de la Divine Sagesse, tu t'es jeté sur Xanor lorsqu'il m'a décoché un coup de pied dans les côtes!

– C'était de ma part une tentative désespérée; à la faveur de la courte bagarre, j'ai réussi à lui subtiliser cette arme. Une chance qu'il ne se soit pas aperçu, depuis, de sa disparition! Montre-moi comment l'on s'en sert. Je vous expliquerai ensuite mon plan...

A dix-neuf heures, la porte s'ouvrit et deux gardes firent un pas dans la cellule, portant un caisson à poignées latérales contenant les sachets de nourriture. Un petit groupe de prisonniers, comme d'habitude, les attendaient pour les débarrasser de leur fardeau. Ils se baissèrent – beaucoup plus qu'il ne convenait – pour saisir le caisson et le flux de l'Électrocuteur, passant au-dessus de leur échine, foudroya les gardes. D'autres mains se hâtèrent de les soutenir dans leur chute tandis que Gilles bondissait vers la porte et abattait les deux gardes restés dans le couloir. Tout s'était déroulé en moins de cinq secondes et nul bruit de chute n'avait marqué cette attaque-éclair.

Traînés dans la cellule, les gardes furent rapidement dévêtus, cependant que Gilles se dépouillait de son costume pour endosser l'un des uniformes, imité par trois autres captifs.

Le journaliste ordonna à voix basse :

– Mettez-vous en rang ; nous allons encadrer votre colonne et vous escorter comme l'auraient fait les gardes. Prenez une mine de circonstance et ne bronchez absolument pas si nous croisons des Miliciens. Nous seuls, qui sommes en uniforme, pouvons agir.

« Tenez commandant Lynkhor, prenez mon électrocuteur et restez juste derrière nous. Quand le besoin s'en fera sentir, j'utiliserai l'arme de celui dont je porte l'uniforme, fit-il en tapotant l'étui pendu sur sa cuisse droite. Une veine que ces pistolets puissent foudroyer sans abîmer les vêtements de leurs victimes!

Soudain, des cris atroces, des râles de plus en plus

faibles leur parvinrent, étouffés par la paroi de métal. L'un des prisonniers émit d'une voix blanche :

– Cela vient de la Salle de Mortifications. Le soir de mon arrivée, j'ai traversé cette salle, alors qu'une équipe de miliciennes achevait les suppliciés pour permettre d'y recevoir le lendemain une nouvelle fournée de martyrs.

Gilles et Lynkhor s'approchèrent de la porte métallique donnant accès à la salle de tortures. Refaisant le geste qu'il avait vu faire au garde, il approcha son bracelet de métal au niveau du verrou magnétique et la porte, silencieusement, coulissa. Dans la gigantesque salle faiblement éclairée, une dizaine de miliciennes en uniforme noir achevaient de traîner les corps des suppliciés vers une ouverture sombre, béant au ras du parquet, où elles les poussaient du pied. Chaque fois qu'un cadavre tombait, un éclair pourpre fusait du sous-sol, illuminant le masque impassible, indifférent de la femme en uniforme. Sans doute s'agissait-il d'un incinérateur dont la très haute température volatilisait littéralement les dépouilles des malheureux.

Du geste, Gilles désigna à chacun de ses compagnons armés les divers groupes de miliciennes au « travail »; les objectifs ainsi assignés, il donna le signal et, presque aussitôt, les dix tortionnaires s'abattirent sur le parquet, foudroyées par les décharges électrocutrices.

Prenant l'initiative des opérations, Stoïka s'adressa aux prisonnières :

– Vite, déshabillez-vous et revêtez les uniformes de ces chiennes!

Certaines captives, embarrassées, hésitaient à se dévêtir devant leurs compagnons. L'abbé Morvan s'était pudiquement retourné mais le commandant Lynkhor et Gilles Novak, plus réalistes devant l'urgence de la situation, se précipitèrent vers les cadavres des miliciennes qu'ils dépouillèrent en hâte de leurs uniformes.

– Dépêchez-vous, bon sang! maugréa le journaliste à l'intention de celles qui hésitaient encore.

Tandis qu'ils achevaient, aidés par d'autres captifs, à dévêtir les miliciennes, leurs compagnes, oubliant enfin leur pudeur évidemment ridicule en la circonstance, se hâtèrent d'endosser les uniformes sombres.

Rapidement, les corps furent traînés vers la fosse à crémation où ils basculèrent pour disparaître dans un éclair jailli entre deux séries d'électrodes.

Lorsque, par la porte opposée, ils abandonnèrent enfin la salle de tortures, leur groupe ne comportait plus qu'une douzaine d'hommes dont le costume les désignait encore comme des prisonniers. Prisonniers escortés par quatre « miliciens » et dix « miliciennes »! Le commandant Lynkhor, lui, avait conservé son uniforme de l'armée galactique du général Shorloo.

Ils longèrent silencieusement le long couloir bordé de portes qu'ils n'osèrent point ouvrir et arrivèrent en vue du carrefour où aboutissait l'ascenseur. Ils n'en étaient plus qu'à huit ou dix mètres lorsque la porte de l'ascenseur coulissa, livrant passage à Rokx et Xanor flanqués de trois gardes!

Gilles avait instinctivement baissé la tête, aussi bien les autres ne découvrirent-ils pas immédiatement la substitution. Lorsqu'ils commencèrent à flairer quelque chose de louche dans ce groupe important de miliciens et miliciennes escortant seulement une dizaine de prisonniers, il était trop tard. Les électrocuteurs de Gilles et de Lynkhor avaient déjà abattus les trois gardes. Sidérés, Rokx et Xanor levèrent les bras.

– Un petit renseignement, s'il vous plaît : la plus proche sortie? ironisa le journaliste en conservant l'index sur la détente.

– Vous ne sortirez pas vivants des secteurs souterrains de Thyallouhora! répondit Xanor.

– Nous sommes déjà sortis vivants de la prison, observa le journaliste, narquois.

Rokx serra les dents et grinça à l'adresse de son complice :

– Si tu t'étais aperçu un quart d'heure plus tôt seulement de la disparition de ton arme, nous ne serions pas là!

– Tournez-vous face au mur! ordonna Gilles en faisant un signe de tête à Lynkhor qui s'empressa de les désarmer.

Déjà, trois prisonniers dépouillaient de leur uniforme les gardes abattus et s'en revêtaient. Beaucoup plus corpulent que ses deux autres compagnons, l'abbé Morvan eut quelques difficultés à endosser l'uniforme; malgré tous ses efforts, il dut renoncer à boutonner la jaquette sur son embonpoint et, penaud, fit un geste d'excuse, les mains écartées.

– Ça ne fait rien, Jacques, l'apaisa le commandant Lynkhor. Vous veillerez à vous tenir au milieu de nous et cela ne se verra pas.

Rokx et Xanor, qui avaient gardé leur uniforme d'officiers de la Milice Séculière, furent poussés dans le spacieux ascenseur, véritable monte-charge où cinquante personnes auraient pu trouver place.

– Un geste, un mouvement suspect et vous serez abattus, menaça Gilles. Actionnez la cabine.

– Où... Où voulez-vous aller? bégaya Rokx.

– En premier lieu, à la Salle des Gardes pour y prendre des armes d'une portée supérieure à celle de nos électrocuteurs. Ensuite, je vous le dirai.

Neuf étages plus haut et suivant les directives de leurs otages, ils firent bientôt irruption dans le QG des gardes où une dizaine de ceux-ci furent foudroyés avant même d'avoir pu se mettre debout! Sur des râteliers muraux s'alignaient des fulgurants à portée variable; malgré cela, ils ne devaient probablement être utilisés qu'à l'extérieur en raison des terribles ravages provoqués par leur rayonnement désintégrateur. Chacun des captifs – maintenant tous revêtus de l'uniforme sombre – passa l'une de ces armes en bandoulière et regagna le monte-charge.

– A la plate-forme-astrodrome du palais! ordonna Gilles.

Xanor enfonça trois boutons successifs sur le tableau latéral et l'ascenseur s'éleva rapidement pour stopper en douceur à l'étage désiré. Au moment où Xanor s'apprêtait à commander l'ouverture de la porte, Gilles saisit son poignet :

– Ne sois pas si pressé, mon bonhomme! Ce matin, quand nous avons emprunté cette cabine à la descente, elle est allée beaucoup plus vite et, pourtant, il nous a fallu apparemment deux fois plus de temps pour atteindre le niveau de la prison. J'en suis convaincu : tu nous tends un piège! Nous ne sommes pas au niveau de la plate-forme!

Après un coup d'œil rageur à son complice, Rokx prit la parole :

– Inutile de chercher à les doubler, Xanor. A vouloir jouer les malins, nous risquons tout simplement de nous faire descendre!

– J'aime mieux ça, approuva Gilles. Rokx, prends la commande de la cabine.

Rokx repoussa son compatriote et prit sa place. L'ascenseur s'éleva pour s'arrêter, cette fois, au bout de plusieurs minutes. La porte coulissa et ils se trouvèrent soudain nez à nez avec un cordon de gardes braquant sur eux leurs pistolets électrocuteurs. A la vue de ce groupe de miliciens et miliciennes, les gardes restèrent un instant indécis. Cette brève hésitation fut mise à profit par Gilles et le commandant Lynkhor pour balayer le groupe avec le flux de leurs armes électrocutrices. Dans leur dos, d'autres prisonniers s'étaient saisis de Rokx et Xanor pour les empêcher de fuir. Certains gardes ripostèrent, mais leur tir manquait de précision et ils furent électrocutés à leur tour.

Gilles crocha ses doigts dans la gorge de Rokx :

– Salaud! Toi aussi tu as tenté de nous jeter dans un traquenard! Où sommes-nous?

– Dans le... Au niveau des appartements de la Divine Sagesse, haleta-t-il. Nul ne peut... accéder à ce... niveau sans y être préalablement autorisé...

– Dans la cabine, vite!

Ils réintégrèrent prestement l'ascenseur et Gilles ajouta, l'index sur la détente :

– Cette fois, Rokx, si tu nous joues un nouveau tour, tu partageras le sort de Xanor!

Il baissa le canon de l'électrocuteur sur l'abdomen du milicien et pressa la détente. Xanor ouvrit démesurément la bouche pour crier, mais il resta silencieux : son corps, agité par une violente secousse, s'écroula tout d'une masse.

Blême, Rokx arrêta la cabine et fit coulisser la porte. Le ciel nocturne leur apparut cependant qu'un air frais les frappait au visage. Cette fois enfin, ils débouchaient sous l'auvent de béton ouvrant sur la plate-forme excentrée dominant le palais. Une dizaine d'astronefs lenticulaires s'y trouvaient, le plus grand offrant un diamètre supérieur à l'envergure d'un Boeing.

– Avec tous les cadavres laissés derrière nous, je serais surpris qu'on ne donne pas l'alarme d'une minute à l'autre! sacra le commandant Lynkhor. Hâtons-nous de grimper dans l'un de ces appareils.

Si la plate-forme demeurait dans l'obscurité, en revanche, des projecteurs éclairaient l'astronef géant autour duquel régnait une certaine animation. Des véhicules silencieux transportaient de lourdes caisses jusqu'à un élévateur dont le tapis roulant les charriait jusqu'à la soute du mastodonte.

– Rokx, ouvre la marche et fais-nous pénétrer dans cet engin. Trouve un prétexte valable; une inspection de dernière minute, par exemple. Au risque de me répéter, je te préviens : un geste suspect et je t'envoie rejoindre Xanor. Au point où nous en sommes, un cadavre de plus ou de moins ne pourrait aggraver notre cas. Mets-toi bien ça dans le crâne si tu veux atteindre l'âge de la retraite!

Il opina du chef et se mit en marche, suivi de près par les Terriens. L'abbé Morvan, la jaquette d'uniforme ouverte sur son embonpoint, fit une prière pour que sa tenue débraillée n'attirât point sur eux les soupçons! Les autres s'efforçaient de le dissimuler de leur mieux. Juste derrière lui, Stoïka chuchota :

– Et dire que j'avais des épingles de sûreté, dans la poche de mon jupon de bohémienne!

– Un peu tard, n'est-ce pas, pour retourner dans la prison et récupérer vos épingles? fit-il, à mi-voix.

Rokx venait d'aborder l'officier des gardes assurant la surveillance du chargement du matériel dans la soute. Il parlementa un moment avec lui. L'officier, après un coup d'œil à ses « collègues » des deux sexes restés un peu à l'écart, fit un signe et les invita à le suivre. Ils empruntèrent le tapis roulant du plan incliné et arrivèrent au seuil d'une large écoutille donnant sur le pont inférieur du colossal appareil.

Là, après s'être consultés du regard, Gilles et Lynkhor foudroyèrent les cinq gardes qui s'y trouvaient et forcèrent l'officier à avancer dans une coursive en compagnie de Rokx.

– Il faut absolument faire stopper l'embarquement du matériel et commander le décollage de l'appareil, déclara Gilles.

Médusé par cette attaque-surprise, désarmé par les soins de Régine Véran qui semblait heureuse de participer à l'action, l'officier encaissa deux ou trois coups de botte dans le bas du dos et arriva bon premier à l'ascenseur axial! Ils durent se tasser dans le monte-charge et craignirent de devoir se scinder en deux groupes, mais tout se passa très bien et ils stoppèrent au pont supérieur. Un court plan incliné les amena sous un impressionnant dôme transparent où l'équipage, composé de cinq hommes, était à son poste.

Devant ces miliciens et miliciennes qui venaient de faire irruption dans la cabine de pilotage, les navigants en combinaison de vol restèrent muets de stupeur.

– Rokx, dis-leur de ne rien tenter qui puisse être interprété comme une rébellion, ordonna Gilles. Qu'ils ferment l'écoutille ventrale et décollent immédiatement. D'un instant à l'autre, l'alerte peut être donnée et tous les départs alors seront annulés. Demande-leur également si l'un d'eux parle une langue terrestre : français, anglais ou espagnol, par exemple.

Rokx traduisit, écouta la réponse et secoua la tête :

– Aucun ne parle l'une de vos langues, mais je vous servirai d'interprète.

Le commandant Lynkhor braqua son électrocuteur sur lui :

– Je suis un Eloham et comprends fort bien la langue véhiculaire en usage dans la Confédération Galactique. Nous n'avons plus besoin de toi!

Et il le foudroya sans pitié. Au chef pilote qui contemplait cette exécution avec des yeux désorbités, il ordonna en élohamite :

– Fermez les écoutilles et décollez! Nous n'hésiterons pas à descendre celui d'entre vous qui chercherait à nous leurrer, compris? A vos postes!

Durant la manœuvre, Gilles s'approcha de la jeune gitane :

– Tu dois comprendre cette langue, Stoïka? Ne l'employais-tu pas pour converser avec Shorloo, par le truchement de ton pendentif truqué?

– Non, Gilles, je m'exprimais alors en lamnhorien, une langue beaucoup moins complexe et qui me fut enseignée lors de mon conditionnement psychique. Au reste, le lamnhorien est une langue synthétique secrète, exclusivement enseignée aux agents des commandos. Quant à la langue véhiculaire en usage dans toute la Confédération, son enseignement forme l'étape suivante du conditionnement; je ne l'ai pas encore franchie.

– Décollage, annonça le commandant Lynkhor en souriant à Régine.

L'astronef géant s'arrachait silencieusement à la plate-forme et survolait l'étrange cité dont les quartiers en terrasses, constellés de lumières, déroulaient leur spirale autour de la montagne pyramidale. Une spirale scintillante diminuant d'intensité au fur et à mesure que l'appareil prenait de l'altitude.

Les fugitifs poussèrent alors un profond soupir de soulagement et Stoïka ne put s'empêcher de sauter au cou du journaliste :

– Cette fois, je crois que c'est gagné, mon chéri!

– Ne nous hâtons pas de nous réjouir, prévint Lynkhor. Nous ne sommes pas encore à l'abri d'une riposte de Xinthya... Ni d'un mauvais tour de l'équipage au moment où, incommodés par la translation, nous pénétrerons dans le subespace. Là, nous serons vulnérables.

– L'équipage n'y échappera pas, lui non plus, objecta Gilles.

– Détrompez-vous et regardez leurs sièges pivotants en forme de baquet : ce sont des sièges à champ annihilateur local qui les soustrairont presque entièrement à ce malaise. Nous, il nous faudra nous allonger sur le parquet et attendre que ça se passe ! Or, à un certain moment, l'un de ces hommes peut fort bien nous désarmer sans que nous ne puissions nous y opposer efficacement. Ayant été protégé du malaise, il lui suffirait d'attendre la fin de la translation pour quitter son siège protecteur et venir nous supprimer alors que nous serions encore pratiquement inconscients !

Régine Véran fit claquer ses doigts :

– Et si nous les attachions sur leur siège, Lynkhor? En leur laissant simplement l'usage de leurs bras...

– Ingénieux, approuva-t-il. Votre idée me plaît, Régine. En les ligotant solidement par le buste, les hanches et les jambes, il leur faudrait plusieurs minutes pour se détacher; entre-temps, nous serons redevenus capables de les tenir sous la menace de nos armes. Avant d'opérer la translation subspatiale, je vais leur ordonner de programmer sur leur trajectographe automatique les coordonnées de la Terre.

« Pendant ce temps, trouvez-moi des cordages ou des câbles électriques. Mais attention : il doit y avoir une bonne dizaine d'hommes, en dehors de l'équipage ici présent, à bord de l'astronef.

– Comptez sur nous, commandant, nous serons prudents, sourit Gilles en entraînant avec lui huit de ses compagnons.

Il revint sur ses pas, se mit derrière l'officier des gardes embarqué de force, lui administra un solide coup de botte dans le fondement et, d'un geste gracieux, lui montra la coursive où l'attendaient ses compagnons :

– Après vous, mon cher! Nous allons vous offrir une cabine de luxe... (Et, se tournant vers Lynkhor.) Au fait, comment dit-on : « dans la soute », en élohamite?

– *Reg uonstag-leh...*

– Merci, fit-il avant de rugir à l'intention du prisonnier : *REG UONSTAG-LEH!* Et fissa, encore!

Un nouveau coup de botte l'aida, sinon à comprendre ces derniers mots, du moins à les interpréter assez fidèlement!

Amusé par cette scène, Lynkhor ne perdit cependant point de temps pour distribuer ses consignes au chef-pilote et à ses coéquipiers. Certes, il eût été parfaitement en mesure de piloter cet appareil, mais il ne pouvait le faire seul et devait se borner à donner des ordres à l'équipage.

– Avant de prendre la tangente pour foncer dans l'espace, effectuez un double tour complet de la planète, commanda-t-il. La première fois sur une orbite équatoriale, la seconde sur une orbite polaire. Vitesse maximale, nous sommes très pressés, termina-t-il, ironique.

Il chargea deux Terriens de surveiller les faits et gestes de l'équipage et rejoignit Régine vers le bord du vaste cockpit transparent qui coiffait le poste de pilotage.

– Nous effectuons un vol orbital équatorial que

coupera immédiatement après, un vol en orbite polaire, commenta-t-il.

– Pourquoi ne prenons-nous pas plutôt le large, au lieu de nous baguenauder ainsi autour de cette maudite planète sainte? s'étonna-t-elle sans remarquer la contradiction des qualificatifs employés à l'endroit de Xinthya.

Il répondit par une boutade :

– Cela ne vous fait-il pas plaisir d'admirer une dernière fois ce monde où nous avons failli mourir... ensemble?

Elle lui décocha une œillade soupçonneuse puis éclata de rire :

– Commandant Joli-Cœur, hein?

– Joli-Cœur? répéta-t-il, perplexe. C'est là sans doute une subtilité de votre langage qui échappe encore à mon entendement... Excusez-moi une seconde...

Il alla jeter un coup d'œil sur un écran du tableau de commande en demi-lune et revint, rassuré :

– Nul appareil ne nous a pris en chasse. Bon, vous alliez, je crois, m'expliquer la signification de...

– Ce n'est pas le moment, commandant, répondit-elle à mi-voix, un peu gênée de la tournure intime vers laquelle tendait leur entretien alors que l'abbé Morvan et une partie de leurs compagnons se trouvaient avec eux sous la coupole du poste de pilotage.

Gilles et ses hommes reparurent, des rouleaux de câbles électriques passés autour de leurs bras.

– Nous avons dû éliminer deux gars récalcitrants, et enfermer les autres dans la soute, déclara Gilles. Voici de quoi saucissonner l'équipage!

Il alla se planter devant la paroi du dôme transparent et, surpris, constata que l'astronef évoluait à haute altitude autour de la planète.

– Eh! Pourquoi ne fonçons-nous pas dans l'espace?

Ce fut Régine qui répondit, d'un ton faussement dégagé, en glissant son bras sous celui de l'Eloham :

– Lynkhor a voulu une dernière fois me faire admirer Xinthya. C'est gentil, tu ne trouves pas?

– Lynkhor, répondit assez sèchement le journaliste, je ne vous fait pas l'injure de croire un seul instant que telle était la vraie raison de cette manœuvre.

L'officier ne se formalisa point de cette remarque.

– Merci, Gilles. J'avais effectivement une excellente raison pour faire exécuter ces deux vols orbitaux autour de Xinthya. Vous me pemettrez de la garder temporairement secrète.

Le journaliste lui sourit amicalement :

– Je vous le permets d'autant plus volontiers que vous êtes tout désigné pour prendre le commandement des opérations.

L'officier salua d'une inclination du buste :

– Vous me plaisez, Gilles et...

– Et moi, alors? fit machinalement Régine, avec une méprise cocasse.

– Vous aussi, Régine, mais d'une autre façon, fit-il, pince sans rire. Je vous expliquerai tout à l'heure la nuance. Pour l'instant, « ce n'est pas le moment », acheva-t-il en lui retournant la réponse qu'elle avait opposée à sa question un peu plus tôt.

Le bon gros abbé ne put s'empêcher d'éclater d'un rire tonitruant qu'il se hâta d'étouffer, la mine contrite, en portant ses doigts devant sa bouche.

– Au travail, décréta Gilles en donnant l'exemple. Ficelez-moi solidement ces cinq bonshommes en leur laissant toutefois les bras libres.

Non sans protester, le chef-pilote et ses coéquipiers durent se laisser attacher sur leurs sièges, tandis que le commandant Lynkhor, assurant l'intérim du pilotage, lançait l'astronef dans l'espace après avoir pris la tangente.

Le globe de Xinthya s'amenuisait, rapetissait, telle une boule vert-bleu nimbée d'une auréole diffuse, parmi les astres innombrables qui l'environnaient.

Lorsque les cinq membres de l'équipage furent solidement ligotés à leurs sièges, l'Eloham conseilla à ses compagnons de s'allonger sur le parquet recouvert d'un tapis spongieux.

– Régine, Stoïka, Gilles et vous, Jacques, fit-il à l'adresse de l'abbé, vous garderez chacun en joue l'un de ces hommes. Je surveillerai personnellement le pilote. Réglez vos électrocuteurs à la puissance minimale et tirez si l'un d'eux faisait mine de se détacher. Cependant, ne l'oubliez pas : le mal du subespace peut aussi vous induire en erreur, provoquer des hallucinations et vous faire voir ce qui en fait n'est pas. J'insiste donc particulièrement sur la nécessité de régler les électrocuteurs sur la première graduation, afin de ne pas tuer inutilement ces hommes... dont nous avons grand besoin.

Il traduisit la menace à l'équipage et donna l'ordre de translation subspatiale. Sur le point de s'allonger aux côtés de Régine, il porta vivement sa main à son abdomen et une grimace de douleur contracta sa face. Régine s'était relevée d'un bond pour le soutenir, anxieuse :

– Lynkhor! Vous... Vous êtes malade?

Il essaya de sourire :

– Ce... n'est rien. Une... vieille blessure... Elle me joue des tours lorsque je... fais certains mouvements brusques.

Il paraissait avoir récupéré et s'allongea auprès de la jeune femme, lui souriant une fois encore avant de murmurer :

– Ce sont *eux*, Régine, pas moi que tu dois regarder.

Elle fit oui de la tête et, à plat ventre sur le tapis spongieux, braqua son arme sur l'un des hommes qui, attachés face au tableau de commande en demi-lune, leur tournaient le dos.

Durant le malaise qui allait s'emparer d'eux d'une minute à l'autre, auraient-ils la force de tirer si l'un des navigants cherchait à se détacher? Etaient-ils seulement certains que ces humanoïdes – dévoués à la Divine Sagesse – ne trouveraient pas le moyen d'accentuer, justement, les effets perturbateurs de la translation subspatiale pour tenter de se libérer et renverser ainsi la situation?

Les premières atteintes du malaise redouté leur donnèrent l'impression d'être ballottés sur un sol mouvant; le dôme transparent de l'astronef paraissait se boursoufler, se gondoler, prêt à craquer.

Un sourd gémissement de douleur fusa entre les dents soudées du commandant Lynkhor. Tourner lentement la tête vers lui, coûta un effort surhumain à Régine Véran : à travers sa vision troublée par l'étrange malaise, elle le vit – ou crut le voir – perdre connaissance et lâcher son arme... Sur cette image angoissante, elle ferma les yeux, emportée dans un maelström de sensations confuses conduisant au néant...

CHAPITRE VII

L'opération d'émergence hors du subespace s'effectua sans que l'équipage, partiellement entravé, n'eût tenté quoi que ce soit à l'encontre des fugitifs. Ceux-ci se relevaient lentement, encore étourdis par l'étrange malaise consécutif à cette translation hyperspatiale.

Inquiète, Régine constata que le commandant Lynkhor, malgré ses efforts, ne parvenait point à se lever. Gilles et Stoïka s'étaient approchés, voulant l'aider à se mettre sur pied, mais l'officier éloham, le visage contracté par une violente douleur, fit un geste de dénégation :

– Non... Laissez-moi... étendu...

Haletant sur un rythme rapide, sa tête dodelina de droite à gauche, puis il perdit connaissance.

– Y a-t-il un médecin, parmi vous? s'inquiéta le journaliste.

Sur la réponse négative de ses compagnons, Régine avança :

– J'ai mon brevet d'infirmière-secouriste, mais je ne suis malheureusement pas médecin. Aide-moi, Gilles... J'espère que ce n'est pas une crise d'appendicite!

Décollant les « joints » magnétisés de la combinaison d'une pièce que portait Lynkhor, ils parvinrent, avec des gestes prudents, à l'en débarrasser; le dépouiller de ses sous-vêtements fut plus malaisé, car ils craignaient, en manipulant son corps inerte, d'aggraver son état.

Régine examina le torse puissant de l'officier puis fronça les sourcils en découvrant, sur son abdomen, une large ecchymose, sur le côté gauche. Au sommet de cette ecchymose et montant presque jusqu'au sternum une cicatrice, récente, d'assez grande dimension, dessinait un Y.

– Il a subi récemment une opération, mais je ne comprends pas pourquoi, tout à l'heure, Lynkhor a parlé d'une « vieille blessure » qui, de temps à autre, lui jouait des tours, pour reprendre ses termes. Hormis cette cicatrice d'un champ opératoire, je ne vois aucune trace de blessure... A quel mobile répondait ce mensonge?

L'officier éloham remua faiblement; sa respiration redevint plus rapide et il ouvrit les yeux, promenant un regard atone sur ses amis :

– Laissez-moi. Vous ne... pouvez pas me... soigner. Il faut attendre le...

Une nouvelle vague de souffrance le submergea. Son front se couvrit de sueur et ses doigts se serrèrent sur ceux de Régine. Celle-ci sentit bientôt l'étreinte se relâcher : une fois encore, Lynkhor s'était évanoui.

– Il fait de la température et son abdomen est ballonné. Mon Dieu! Pourvu que ce ne soit pas une crise de... péritonite!

– Tu t'alarmes peut-être inutilement, Régine, fit

Stoïka. Il doit bien y avoir un médecin de bord sur un tel engin spatial. Quel dommage que je ne parle pas la langue véhiculaire employée dans la Confédération Galactique! Et ce n'est pas le lamnhorien – langue synthétique et secrète des agents de Shorloo – qui me permettra de me faire comprendre!

Gilles s'approcha de l'équipage dont deux hommes s'étaient retournés pour suivre la scène avec curiosité. Par gestes, le journaliste leur fit comprendre ce qu'il désirait. L'un d'eux inclina affirmativement la tête et, ôtant les liens qui l'attachaient encore à son siège, il quitta le poste de pilotage, escorté par deux des fugitifs armés.

Cinq minutes s'écoulèrent et ils revinrent, accompagnés par le médecin de bord dont le collant mauve s'ornait, en plus de la sempiternelle spirale, d'un signe doré ressemblant à un caractère de l'alphabet sanskrit. Les deux Terriens qui l'avaient conduit jusque-là avaient pris l'initiative de ramener une civière sur laquelle le malade fut étendu.

Le médecin entreprit aussitôt de l'ausculter en promenant sur son corps et plus particulièrement sur l'abdomen, un petit appareil bardé de cadrans dont les aiguilles frémissaient, oscillaient vers un repère de couleur verte.

D'une sacoche, il retira un instrument qui ressemblait un peu à un pistolet dans la culasse duquel il introduisit une ampoule en matière plastique. Il appliqua ensuite le canon de l'instrument sur la région du cœur et pressa la détente. Fusant par une myriade d'orifices microscopiques, un liquide sous pression traversa la peau, les muscles du malade, pour diffuser vers le cœur.

Une minute plus tard, le commandant Lynkhor revenait à lui et sursautait presque en apercevant l'inconnu à son chevet. Régine s'accroupit pour éponger son front en sueur :

– Rassurez-vous, Lynkhor, c'est le médecin de bord.

L'officier serra les dents sous les assauts de la douleur :

– Il ne faut... pas... qu'il m'approche! Je... Je vous en... conjure!

Le médecin lui parla dans sa langue; Lynkhor lui répondit avec toute l'énergie dont il se sentait capable, puis il enchaîna, en français :

– Ne le... laissez pas m'emmener au... bloc opératoire. Je ne... peux pas me laisser... opérer ici. Il y va de... *votre* salut, mes amis, pas du... mien. Avant deux heures l'astronef sera en vue de la Terre... et Shorloo nous... portera secours. D'ici là, même si je reperds connaissance, laissez-moi sur... cette civière.

– Lynkhor, l'ecchymose, sur votre abdomen, qu'est-ce que c'est? demanda Régine, inquiète.

– Un... souvenir des deux brutes qui... m'ont arrêté. Je n'ai pu... esquiver ce... coup de botte.

– Et la curieuse cicatrice, un peu au-dessus de cette ecchymose?

– Une... opération, Régine... Rien qui puisse... vous alarmer.

Elle scruta son visage, cherchant à comprendre :

– Tout à l'heure, vous évoquiez une vieille blessure. Or, ancienne ou récente, vous ne portez aucune trace de blessure. Pourquoi ce mensonge?

– Ce n'est pas le... moment, mon petit, parvint-il à

articuler en guise de boutade et pour se dérober. Gilles, Stoïka, je vous le recommande également : qu'on ne... m'opère sous aucun prétexte. *Sous aucun prétexte!* insista-t-il. Même si je hurle de souffrance, ne... vous affolez pas. Nous serons... bientôt proches de la Terre et... Shorloo s'occupera de moi.

Il prononça quelques mots à l'adresse du médecin qui parut mécontent et quitta la cabine cependant que Régine étendait sur Lynkhor une couverture. Le médecin revint apporter au malade l'analgésique réclamé. Lynkhor examina les deux petites capsules, en croqua une et, au bout d'un moment, ses souffrances s'atténuèrent.

Stoïka consulta son chrono Breitling :

– Normalement, dans une heure environ nous devrions être à portée de détection des postes de surveillance établis par Shorloo sur notre planète.

Le temps s'écoula, trop lentement au gré des fugitifs qui craignaient maintenant pour le sort de leur ami. Celui-ci, à deux reprises, avait été secoué par de violentes douleurs abdominales. L'analgésique n'avait eu qu'un effet passager. De nouveau, son front se couvrait de sueur. Régine l'épongeait doucement avec son mouchoir.

Singulier spectacle que celui de ces vingt fugitifs groupés dans le vaste poste de pilotage, appréhendant de se hasarder dans les coursives de l'astronef géant et préférant rester ensemble à surveiller l'équipage.

– L'heure, Stoïka? murmura le malade.

– Six heures du matin. Du moins si nous étions en France! J'ignore évidemment la valeur des fuseaux horaires de Xinthya.

– Ta montre n'aurait d'ailleurs pas pu te donner

l'heure exacte, répondit Lynkhor. La rotation de cette planète est sensiblement plus lente que celle de la Terre. Nous sommes sortis du subespace depuis plus de deux heures, n'est-ce pas?

– Depuis deux heures et demie environ.

Il contracta ses mâchoires, fustigé par une douleur lancinante et haleta :

– Gilles, va me chercher le copilote... Le troisième en partant de la gauche.

Le journaliste obéit et revint en poussant l'homme devant lui. Le commandant Lynkhor l'interrogea. Gilles eut l'impression qu'il se troublait, bien que ses réponses restassent pour lui sans signification. Le copilote regagna sa place.

– Je crains qu'il ne nous ait trompés, murmura l'Eloham. L'astronef, prétend-il, aurait subi une légère déviation de trajectoire, mais les explications avancées ne tiennent pas debout. Gilles, connais-tu le grec? L'alphabet grec, du moins?

Etonné par la question, le journaliste répondit :

– J'ai fait du grec, mais il y a bien longtemps. Je me souviens pourtant de l'alphabet.

– Ça suffira pour la vérification que tu vas entreprendre. Sur le tableau de bord, tu verras un grand cadran dont certains chiffres, dans notre graphie, s'apparentent aux caractères de l'alphabet grec. Les coordonnées directionnelles doivent placer la lunette mobile de sorte que, face au repère lumineux rouge, se trouve une lettre analogue à l'Espsilon tandis que le cadran intérieur, lui, doit avoir en face du repère lumineux vert une lettre ressemblant au Tau grec. Va, vérifie si c'est bien cela que tu vois.

Le journaliste alla se pencher sur le tableau de bord, un instant désorienté par la complexité des instruments. Il finit par se familiariser avec le cadran central et tiqua :

– Le repère rouge est en face d'une lettre qui ressemble à une spirale barrée en oblique et le clignotant vert est face à une sorte de zigzag apparenté au Sigma grec.

– Les canailles! gronda Lynkhor en réprimant aussitôt une grimace de douleur. Ils nous ont bernés! Ce ne sont pas là les coordonnées de la Terre. Ils doivent se diriger vers l'un de leurs repaires, sur Mars probablement car, en première approximation, ces coordonnées nous dirigent vers les planètes *extérieures à l'orbite terrestre.*

« Amène-moi l'équipage, sauf le copilote.

L'électrocuteur au poing, le journaliste fit comprendre aux quatre hommes de se rendre auprès du malade étendu sur la civière.

– Régine, veux-tu me... passer ton arme? demanda Lynkhor.

Intriguée, la jeune femme lui tendit l'électrocuteur cependant que les quatre humanoïdes en uniforme de l'Armée Spatiale de la Divine Sagesse se présentaient. D'une voix hachée, l'Eloham leur parla avec une rage mal contenue. A plusieurs reprises, il désigna le pilote du canon de son arme, puis il pressa la détente et le pilote, foudroyé, s'abattit aux pieds de Régine qui étouffa un cri de frayeur.

Lynkhor jeta un ordre et les trois autres se hâtèrent de reprendre leurs places aux côtés du copilote promu au grade de chef eu égard aux circonstances!

L'abbé Morvan fit une moue désapprobatrice :

– Vous n'auriez peut-être pas dû, Lynkhor...

– Nous sommes en guerre, Jacques! grommela-t-il. Et je crois en la vertu de l'exemple. Ces gredins – de la même veine que ceux qui devraient en ce moment même nous torturer si nous ne nous étions pas évadés – espéraient nous diriger vers Mars, sur Phobos, où leur clique possède un relais. Si nous retombons entre les mains de ces sadiques, ce n'est pas notre arrêt de mort que nous signerons, mais le déclenchement d'un chaos sur la Terre!

Du tableau de bord où il était allé examiner les cadrans, Gilles lança d'une voix joyeuse :

– Cette fois, ça y est, Lynkhor! Les coordonnées correspondent à celles que tu m'as indiquées.

– C'est bon, Gilles. Surveille le cap. Et qu'on évacue celui-là! fit-il en désignant le cadavre du pilote.

L'abbé Morvan et deux hommes sortirent le corps mais, ne sachant où le mettre, ils le laissèrent dans la première cabine venue.

Stoïka qui, depuis un moment, contemplait l'espace clouté d'astres, regarda avec plus d'attention et poussa un cri :

– Lynkhor! Un appareil se dirige vers nous... Ami ou ennemi?

– Approchez ma civière du poste de pilotage, vite!

Amené près du pupitre de commande, il ordonna au radio d'établir le contact. Sur l'écran central apparut un humanoïde dont la combinaison sombre s'ornait de la sinistre spirale scintillante.

– Un astronef ennemi! s'exclama Gilles tandis

que Lynkhor ordonnait de couper le contact sur-le-champ.

L'image disparut.

– Ce doit être un Patrouilleur envoyé par Phobos lorsqu'ils se sont aperçus que notre appareil changeait de cap! sacra l'officier éloham.

Au pilote, il donna pour consigne de pousser la vitesse et, si besoin était, de basculer dans le subespace pour échapper au poursuivant. A travers le dôme transparent du cockpit, les fugitifs purent voir l'engin rapetisser mais, bientôt, le Patrouilleur accéléra et revint, encore plus près qu'il ne l'était de l'astronef. Sur le tableau de bord, un signal rouge pulsait sans interruption, accompagnant les trois notes monotones d'un vibreur.

– L'engin cherche à établir le contact par télévisionneur, expliqua Lynkhor.

– Bonté divine! s'exclama soudain l'abbé Morvan. Un autre appareil fonce sur nous!

Effectivement, de l'autre côté du cockpit, on apercevait un point lumineux grossissant à vue d'œil. Le soleil, disque aveuglant comme suspendu dans le noir de l'espace, rendait toutefois malaisée l'observation de ce nouveau venu.

– Je crois bien que nous sommes cuits! grommela l'un des fugitifs.

L'astronef fondit sur eux puis, manœuvrant avec une vitesse terrifiante, il décrivit une courbe plongeante, passa sous leur appareil et piqua droit sur le poursuivant. Jailli de ses flancs, un dard d'une insoutenable luminosité frappa de plein fouet l'astronef de Phobos qui se volatilisa dans un immense globe de lumière coraline.

Les fugitifs, un instant désorientés, comprirent ce qui venait de se passer et poussèrent des hourras! Sur l'écran du tableau de bord, le clignotant rouge et le signal sonore avaient disparu au même moment que l'astronef se diluait dans une gerbe de rayonnements.

Palpitante encore d'émotion, Régine se pencha sur Lynkhor pour l'embrasser :

– Nous sommes sauvés!

L'officier éloham exhala un faible soupir et perdit connaissance.

Gilles désigna impérativement au chef-pilote le voyant rouge qui s'était éteint et pointa ensuite l'index vers l'astronef venu à leur secours. Le pilote comprit, lança un ordre et le contact par télévisionneur fut aussitôt établi. Sur l'écran apparut alors le visage anxieux d'un Eloham revêtu d'une combinaison gris métallisé identique à celle de Lynkhor.

– Shorloo! s'exclama Stoïka en s'approchant pour entrer dans le champ du télévisionneur.

Le journaliste la rejoignit et sourit à l'officier supérieur des forces spatiales de la Confédération. Ce dernier les salua :

– Bravo, Gilles et Stoïka! Je vous félicite pour votre courage! Sans la ruse qui vous permit de vous emparer de l'électrocuteur de Xanor, vous étiez perdus!

Gilles considéra l'image du général Shorloo avec une stupéfaction non dissimulée :

– Ah ça! Comment pouvez-vous être au courant de ce... détail, Général?

L'Eloham éclata de rire.

– Si je commence à répondre maintenant à toutes

vos questions, comment voulez-vous que l'on puisse opérer le commandant Lynkhor? Patientez encore un peu; je vous envoie un commando de première urgence...

L'image disparut et ils virent bientôt l'astronef de Shorloo se placer exactement au-dessus d'eux. Un énorme manchon annelé vint se coller par magnétisme sur la coque de leur appareil, à l'emplacement d'un panneau que l'un des hommes de l'équipage prisonnier fit coulisser. Deux minutes plus tard, le général Shorloo et une dizaine d'Elohams pénétraient dans le poste de pilotage. L'officier supérieur vint à Stoïka et lui serra les deux mains, ému; il fit de même avec Gilles et alla se pencher sur Lynkhor, imité par l'un de ses hommes qu'il présenta en ces termes :

– Le docteur Loxoan, chirurgien, qui va immédiatemement opérer Lynkhor dans le bloc opératoire de cet appareil. Le malheureux n'est pas transportable et il est grand temps qu'on s'occupe de lui!

Tandis que deux Elohams soulevaient la civière du malade, un autre prenait la place du pilote afin d'assurer désormais la bonne marche de l'astronef.

– Prêt à décrocher, Général, lança-t-il.

– Manœuvre de décrochage : exécution. Cap sur le Marais du Sommeil; nous naviguerons de conserve.

– Tiens, s'étonna Gilles. Nous nous dirigeons sur la Lune?

– Oui. C'est là que, depuis fort longtemps, nous avons établi l'une de nos bases d'observation.

– Vous en aviez une autre, au moins dans Mare Crisium? Peut-être aussi une troisième sur le Mont

Lahire, dans la Mer des Pluies, fit le journaliste, d'un ton plus affirmatif qu'interrogatif.

– Vous savez interpréter, je le vois, les observations de vos astronomes [1], sourit Shorloo. C'est vrai, nous possédions plusieurs bases, sur la Lune. Nous les évacuons les unes après les autres depuis les vols Apollo et les alunissages des cosmonautes américains. Le temps n'est pas encore venu, pour nous, d'établir des relations officielles et permanentes avec vous, c'est pourquoi nous vous laissons le champ libre et... vidons les lieux.

« Mais ne restons pas dans ce poste de pilotage. Mes hommes ont pris la relève et l'équipage initial est sous bonne garde. Venez au réfectoire. Vous devez être morts de faim!

Une heure plus tard, rassasiés – bien qu'ils fussent incapables de donner un nom à la succulente nourriture ingurgitée! – les Terriens achevaient leur dessert dans le vaste réfectoire du vaisseau.

Le général Shorloo prit alors la parole :

– Mes amis, après les dures épreuves que vous venez d'endurer, vous avez droit à bien des explications. Et pour vous, Gilles, je dois compléter les éclaircissements fragmentaires de Stoïka : nous vous avons choisi pour votre personnalité et la valeur de votre jugement, de votre mental habitué à jongler

1. L'on a effectivement observé des rayons lumineux partant du sommet de la petite montagne Lahire, dans la Mer des Pluies; le même phénomène se manifesta en bordure du cratère Kepler. Dans Mare Crisium (Mer des Crises), l'on a également signalé une sorte de pont, d'arche apparemment artificielle et une chaussée géante... qui ont disparu! Enfin, un dôme translucide semblerait coiffer une zone du Marais du Sommeil.

avec les abstractions du symbolisme, des allégories enfouies dans les Traditions. Cette remarquable gymnastique mentale vous a permis de créer ce que, dans vos articles, vous appelez le « néo-ésotérisme », à partir duquel tous – ou presque tous – les épisodes soi-disant mythiques du passé, bibliques et autres, peuvent recevoir une explication rationnelle et conforme à la vérité.

« Chaque fois que nous cooptons un Terrien, préalablement sélectionné, nous le soumettons à un conditionnement psychique; méthode hypnopédique ayant pour but de graver dans son cerveau tout un ensemble de connaissances de bases indispensables à l'exécution de nos missions en commun. Parmi ces connaissances figure le lamnhorien, une langue synthétique secrète exclusivement parlée par nos agents.

« Chez vous, ce traitement a échoué. Cela arrive parfois et il faut alors recommencer. C'est pourquoi, en allant vous contacter aux Saintes-Maries-de-la-Mer Stoïka s'est trouvée embarrassée pour répondre à vos questions lors même que vous ignoriez la phrase-code répondant à la sienne. Elle n'était pas habilitée à vous initier tout à fait, mais ne pouvait pas, non plus, garder le silence dans la mesure où elle..., ou *nous* avions besoin de vous.

« L'heure est venue, mes amis, de vous révéler le but de nos interventions sur la Terre depuis des millénaires. Dans un passé fort éloigné, notre espèce – qui occupe une infinité de mondes groupés en Confédération Galactique – décida de donner un coup de pouce à l'évolution de certaines planètes encore au stade primitif. La Terre était dans ce cas et des Commandos

Civilisateurs, à diverses époques, firent progresser les Terriens, depuis le Paléolithique jusqu'à l'ère biblique : celle qui va des Patriarches à Jésus.

« Bien entendu, au cours de cette dernière période, tant en Amérique qu'en Europe et en Asie Mineure, les populations avec lesquelles nous établîmes des contacts virent en nous des dieux. Ne venions-nous pas des cieux, avec nos engins en forme de disques nimbés de lumière? Entendez : champ d'ionisation. Nous n'avons rien fait pour les détromper, au contraire : pris pour des êtres divins, nous inspirerions à ces hommes – dont nous voulions le bonheur – une crainte salutaire qui devrait les aider à progresser, à condition qu'ils respectent et appliquent nos « Commandements ».

« Nos Commandos Civilisateurs se composaient de techniciens, de scientifiques mais aussi de prêtres, missionnaires appartenant à la Religion Unique en vigueur dans les mondes évolués de notre Confédération. Car nous croyons en Dieu, *nous aussi*, fit Shorloo avec un amical sourire à l'adresse de l'abbé Morvan. Et notre Dieu, soyez-en persuadé, est le même que celui des monothéistes, même si les concepts auxquels il donna naissance diffèrent entre eux. Que les membres de nos Commandos Civilisateurs aient été pris pour des dieux ne change strictement rien au problème de la divinité; ce grand mystère est tout au plus déplacé, reculé dans l'espace et le temps. Sa réalité subsiste, omniprésente dans l'Univers. Peut-être est-Il l'Univers et nous, ses créations, par voie de conséquence. Le nier purement et simplement témoignerait d'un manque de sagesse ou d'humilité.

– Un peu à la manière de certains « savantasses » de la Terre qui éructent de rage en niant l'existence des OVNI, plaisanta l'abbé Morvan. Cela n'empêche nullement les soucoupes volantes d'exister... A moins que nous ne soyons présentement victimes d'une hallucination collective, à bord de cet astronef en forme de disque qui nous emporte – croyons-nous – vers la Lune!

Un immense éclat de rire accueillit la boutade du prêtre et Shorloo poursuivit :

– En vertu d'un phénomène cyclique mystérieusement lié à la Précession des Equinoxes, les religions, les croyances évoluent, se transforment selon des périodes à peu près d'égale durée. Sur la Terre, ce cycle ou « Année de Platon » couvre 25 920 ans; c'est le temps que met le Soleil pour parcourir les douze signes du zodiaque sur le plan de l'écliptique; chacun de ces signes étant parcouru en un douzième de cette Année de Platon ou 2 160 ans. Les vingt et un siècles – et des poussières! – qui viennent de s'écouler correspondent à l'Ère des Poissons, marquée par l'avènement du christianisme, lequel succéda à l'Ère du Bélier (le dieu égyptien Amon), qui fut précédée par celle du Taureau (le dieu Apis en Egypte et Mardouk à Sumer), etc. Nous pourrions ainsi remonter les millénaires, sauter à rebours d'un signe zodiacal – ou Ere – à un autre et atteindre l'Ere des Poissons d'environ vingt-cinq mille ans *antérieure* à celle que nous venons de quitter.

« Mais j'insiste sur ce point : Dieu est éternel qui gouverne toute chose dans le Méta-Univers. Seulement, au cours des âges et au gré de leur évolution, les hommes Lui attribuèrent des représentations –

des avatars, diraient les Hindous – des incarnations diverses, tantôt Bélier, Taureau... ou Christ.

Du geste, Gilles demanda la parole. Shorloo l'invita à parler.

– Si nous en croyons les déclarations de « La Divine Sagesse », Jésus fut le fruit d'une « Opération » préparée de longue date par vos ancêtres, les « dieux » civilisateurs appelés Elohim par les Hébreux. Comment concilier cela avec ce que vous venez d'avancer, Général?

– C'est parfaitement conciliable, Gilles, mais il faut, pour l'admettre, changer d'échelle des valeurs... ou de paramètre. Nous, les Elohams, sommes les instruments, les missionnaires de Dieu – au sens de « chargés de mission » – mais des missionnaires observant une croyance dépouillée, non entachée de certains rites ostentatoires qui, estimons-nous, n'ajoutent rien à la certitude du Divin.

« Telle fut notre conduite au cours des âges. Notre conduite à *nous,* les Elohams – ou Elohim – dont la Science multimillénaire n'a jamais pu prouver l'inexistence de Dieu; au contraire, nous semble-t-il, les véritables prodiges de la Science ne sont possibles que si l'on admet pour le moins une parcelle d'influence divine chez ceux qui leur ont donné le jour!

« En imprimant à un peuple “ l'impulsion messianique » – préparant l'avènement d'un Messie, d'un dieu incarné – nous *révélons,* dans toute l'acception du terme, la notion de divinité unique dont nous sommes pénétrés. Et c'est à partir de cette révélation que s'élabore le contexte divin, avec sa cohorte de prodiges et de miracles qui se développent et se manifestent ensuite *sans plus avoir besoin de notre concours*!

– Au risque de blasphémer, harsarda l'abbé Jacques Morvan, Dieu prend ensuite le relais et continue la tâche par vous ébauchée? N'est-ce pas là une conception... effarante?

– Sans doute, admit le général Shorloo, mais toute notre science ne nous a jamais permis d'expliquer cela autrement que par une intervention divine. En matière médicale, par exemple, notre savoir nous permet d'accomplir des guérisons que l'on pourrait qualifier de miraculeuses. Une série de rayonnements composites biorégénérateurs peut – nous le vérifions tous les jours – guérir un malade quasi instantanément, lors même que vos médecins le déclareraient incurable, voire condamné. Il n'en demeure pas moins que, *sans notre intervention et sans celle du clergé de la Divine Sagesse, de tels miracles s'accomplissent à Lourdes, Fatima et autres lieux saints.*

« Dans ce contexte métaphysique, le libre arbitre n'est pas un vain mot. Il découle de la lente évolution spirituelle et morale des peuples qui ont reçu notre enseignement, à l'aube de leur civilisation. Nous avons semé en eux les germes de la sagesse et du bien. A eux de les cultiver, de les faire éclore, gagnant ainsi le bonheur sur leur planète et la grâce *post mortem*. Si nos ferments de sagesse et de bonté ne se développent point chez eux, ils récolteront le malheur, la misère et leur cortège de guerres, de désastres par eux provoqués. Ce sont *eux* qui choisissent, *pas nous*.

« Il arrive cependant un moment, lors des changements de cycle ou d'ères zodiacales, où notre intervention devient parfois nécessaire pour remettre l'évolution dans le droit chemin... si la Divine Sagesse tente de l'en détourner ou de la retarder. *Et c'est ce qui se produit aujourd'hui.* Mais n'anticipons pas.

« Notre croyance « scientiste » de Dieu n'a pas l'heur de plaire au clergé des Elohams qui, lui, s'entoure de l'ostentation, du clinquant trompeur propre à influencer la conscience du peuple. Par souci d'objectivité, de tolérance, nous avons respecté le clergé de la Divine Sagesse... tant qu'il n'a pas fait obstacle à notre action civilisatrice pure. Lorsque l'obstacle s'est présenté – et cela s'est produit plusieurs fois, dans l'antiquité – nous avons réagi et des conflits, très violents, ont éclaté entre lui et nous. Ce sont ces « guerres des dieux » dont parlent vos légendes, traditions et mythologies. Ces conflits, souvent, naquirent aux époques de transition, lors des changements de cycles, telle l'époque actuelle où, au crépuscule de l'Ere des Poissons, s'annonce l'aube de l'Ere du Verseau.

« Le clergé de chaque religion nouvelle – couvrant une ère zodiacale d'environ vingt-deux siècles – entend toujours maintenir éternellement ses croyances, cela au besoin par la contrainte. A chaque changement de cycle, un étrange mécanisme se déclenche qui force le clergé à se cramponner, à se révolter pour conserver à tout prix le culte par lui instauré.

« Pour la Divine Sagesse, par exemple, l'ère christique des Poissons est *son* œuvre – même si elle est en fait celle de nos Commandos Civilisateurs! – et elle entend la voir continuer sur sa lancée – au besoin en lui donnant un nouveau coup de pouce – alors que cette ère est révolue, que cette « tranche » messianique ne répond plus à l'évolution mentale, intellectuelle et psycho-spirituelle des Terriens. L'on peut trouver cela choquant, révoltant, mais l'expérience nous permet de l'affirmer : à chaque changement de cycle correspond une évolution, une mutation dans le domaine métaphysique. Le dieu des Poissons est sur le point de mourir, le dieu du Verseau – le dieu du Futur – va naître, ou plutôt *se manifester* sous une forme nouvelle, *probablement liée à l'espace, à l'expansion humaine dans le Cosmos.*

« La Divine Sagesse, son clergé et leur criminel Bras Séculier vont donc mettre tout en œuvre pour maintenir sur sa lancée l'Ere des Poissons. De là, découlera une nouvelle guerre de religions entre eux et nous, les Elohams scientistes. Guerre dont vous avez vécu les premières escarmouches. Le clergé a donc commencé à agir sur un peuple réceptif : les Gitans, rassemblés aux Saintes-Maries-de-la-Mer, en projetant depuis un satellite artificiel en orbite circumterrestre des images de Sinpetra, leur « Vieux Dieu » identifié par altération à Saint Pierre et à Dieu lui-même par extension. Il s'agissait d'un banal hologramme, projection tridimensionnelle de la Divine Sagesse jouant le rôle devant les objectifs des caméras holographiques de son palais de Xinthya et relayé par le satellite.

« Stoïka a pu interrompre l'une de ces projections en la bombardant avec un canon énergétique dont le potentiel, à son tour véhiculé par l'onde porteuse d'images, a dû passablement secouer ce vieux fou dans son palais! Mais ce que vous ne savez pas c'est que, depuis votre enlèvement, le clergé de la Divine Sagesse a récidivé, projetant des images de la Vierge en divers points du globe, notamment à Lourdes, à Fatima; de même, des projections holographiques représentant Joseph Smith, le jeune prophète de la religion Mormone ont été lancées à Salt Lake City, fief américain de cette religion, issue du christianisme. D'autres manifestations de ce genre auront lieu, précédant des « révélations » dictées de toutes pièces par la Divine Sagesse, afin de bien ancrer au fond des hommes leur foi dans les diverses religions actuelles, encore attachées au cycle révolu des Poissons. Ce cycle que la Divine Sagesse entend contrôler coûte que coûte..., même si cette folle obstination va à l'encontre du mystérieux mécanisme, inéluctable, entraînant l'humanité vers une croyance nouvelle.

« Vouloir entraver ce mécanisme – d'essence inconnue, certes – fait encourir à la civilisation terrestre de graves dangers. Autant vouloir stopper la croissance d'un enfant afin de le maintenir, par exemple, dans une adolescence perpétuelle. La nature se révoltera et cette révolte se traduira par de sérieux désordres organiques et psychiques chez l'enfant soumis à une épreuve aussi peu conforme aux lois biologiques.

Brusquement, Régine Véran ne put retenir une exclamation de surprise et tous suivirent son regard. Médusés, ils virent entrer le commandant Lynkhor, manifestement en parfaite santé! L'officier salua le général Shorloo – main droite portée sur l'épaule gauche – adressa un signe amical à l'assemblée et, sur l'invite de son supérieur, il alla prendre place à ses côtés. Tous deux échangèrent un coup d'œil d'intelligence et Shorloo, soudain, radieux, déclara d'une voix vibrante :

– Mes amis, le commandant Lynkhor est porteur d'une excellente nouvelle, mais je me dois, avant de lui céder la parole, d'apaiser vos craintes quant à son état de santé... Procédons par ordre. En raison des menées indépendantes et hostiles de la Divine Sagesse et de sa clique, la planète Xinthya – bien que considérée comme étant *La* Planète Sainte – n'est accessible qu'à des groupes restreints de pèlerins triés sur le volet par le clergé. Aucun de nos agents, jusqu'ici, n'avait pu y aborder sans être démasqué et torturé à mort.

« Il nous fallait donc trouver le moyen d'envoyer à Thyallouhora, la capitale planétaire, un agent exceptionnel capable d'accomplir sa mission de renseignement et, à défaut de pouvoir en revenir, apte à nous transmettre les renseignements recueillis au péril de sa vie. Cette mission-suicide, le commandant Lynkhor a eu le courage de l'accomplir. Et c'est à vous, Gilles, qu'il doit d'avoir pu s'échapper, avec vos compagnons d'infortune.

« Afin de pénétrer dans le saint des saints, le commandant Lynkhor s'est délibérément fait arrêter, sur la Terre, par les deux miliciens venus relayer Rokx et Xanor. Il fut immédiatement dirigé vers Xinthya où ils partagea le sort des prisonniers, s'attendant à tout instant à être jeté dans la sinistre Salle des Mortifications. Il avait eu un avant-goût du sadisme de ce clergé en recevant un violent coup de botte dans l'abdomen de la part d'un milicien.

« Mais comment, vous demandez-vous, ayant été fouillé, débarrassé de son émetteur-récepteur dissimulé dans son ceinturon, Lynkhor pouvait-il espérer transmettre les renseignements recueillis? C'est là qu'interviennent la science et la technologie dans leurs plus extraordinaires réalisations. Avant son départ pour cette mission-suicide, le commandant Lynkhor subit une série d'opérations chirurgicales. La première consistait à loger dans l'épaisseur de la voûte osseuse de sa boîte crânienne une minuscule caméra électronique reliée à ses nerfs optiques, ses yeux faisant alors fonction d'objectifs et notre QG, recevant dès lors en permanence toutes ses impressions visuelles! Une électrode implantée dans la zone cérébrale correspondant au centre de la parole captait les impulsions électro-neuroniques que nous modulions pour les rendre audibles, percevant ainsi ses paroles tandis qu'une dérivation de ce dispositif vers le nerf auditif nous renseignait sur tout ce qu'il entendait.

L'auditoire était fasciné par ces révélations confinant au prodige; il devait aller pourtant de surprise en surprise.

– Ce n'est pas tout, sourit Shorloo. Le commandant Lynkhor avait reçu, telle une greffe, *l'implantation d'une caméra neutrinique dans son abdomen.* Cette merveille – ultra-secrète – de la subminiaturisation était capable de filmer non seulement à travers son corps mais aussi à travers n'importe quelle masse de matière, son faisceau exploratoire à base de neutrinos traversant aussi bien le béton, l'acier, que n'importe quel supermétal. Cette caméra était commandée depuis notre PC par le truchement d'une série de relais dissimulés sur les diverses Lunes de Xinthya, au nombre de cinq, dont les rotations combinées autour de la planète nous permettaient un contrôle permanent.

« De la sorte, le commandant Lynkhor – transformé en robot vivant – pouvait nous envoyer sans relâche toutes les informations dont nous avions besoin. L'un des miliciens qui le conduisait en cellule, je vous l'ai dit, lui décocha un coup de pied dans le ventre. Cet acte de sauvagerie eut pour effet de provoquer un « descellement » du bloc d'alimentation de la caméra neutronique. N'étant plus maintenu étroitement en place par les attaches spéciales qui le fixaient à l'os iliaque, il commença à glisser, irritant ainsi les organes abdominaux du commandant Lynkhor, d'où les atroces souffrances qu'il dut endurer. Mais nous étions avertis de cela par les instruments qu'il portait en lui et nous pûmes ainsi nous lancer à la rencontre de l'astronef qui vous avait permis de fuir. Telle fut la mission – qui eût pu être une mission-suicide – dont s'est acquitté avec héroïsme le commandant Lynkhor.

L'assistance éclata en applaudissements auxquels le général Shorloo mêla les siens avec le même enthousiasme, avant de conclure :

– Notre valeureux ami vient donc de subir une série d'interventions chirurgicales qui nous ont permis de récupérer ce délicat appareillage « parasite » implanté dans son organisme. Je faisais tout à l'heure allusion aux prodigieuses possibilités de nos techniques scientifiques, médicales et chirurgicales qui tiennent du miracle. Le commandant Lynkhor en est le vivant témoignage puisque quatre heures à peine suffirent pour procéder sur lui à ces opérations et pour que ses plaies se soient refermées, cicatrisées, lui permettant de reprendre ses activités normales.

« Mais je n'ai que trop parlé, commandant Lynkhor. Je vous cède la parole; c'est bien normal qu'à vous revienne l'honneur de nous apprendre les résultats de votre mission...

CHAPITRE VIII

Régine Véran contemplait avec incrédulité le commandant Lynkhor, cet homme d'Outre-Ciel qu'elle avait veillé durant leur fuite; elle le revoyait terrassé par la souffrance, l'abdomen ballonné par la purulence due aux instruments implantés dans ses entrailles! Cet homme robuste, dont les muscles saillaient sous le tissu gris métallisé de son uniforme, opéré et guéri en l'espace de quelques heures, lui souriait maintenant avant de prendre la parole.

En plissant son nez dans une adorable grimace, elle lui rendit son sourire et forma silencieusement sur ses lèvres cette phrase, dont le sous-entendu scellait désormais entre eux une complicité amusée :

– Ce n'est pas le moment...

Le commandant Lynkhor toussota pour se donner une contenance – il avait failli éclater de rire – et commença :

– Général, et vous mes amis, mes frères d'infortune, j'ai en effet une excellente nouvelle à vous communiquer, mais je me dois au préalable de vous révéler la raison par laquelle, malgré la formidable puissance dont nous disposons, nous n'avons jamais entrepris jusqu'ici la destruction de Xinthya et de la Divine Sagesse. Aux dires de ce fantoche – et de tous ses « illustres » et pseudo-divins prédécesseurs – les savants inféodés au Clergé auraient mis au point, depuis des siècles, un disrupteur de Quarks. Ce fantastique dispositif serait capable de désintégrer la Planète Sainte et de communiquer le même pouvoir de désintégration aux rayonnements secondaires, aux particules nées de cette hyper-explosion, la réaction en chaîne devant entraîner l'annihilation totale de notre galaxie.

« Grâce à la caméra neutrinique incorporée à mon organisme, le but principal de ma mission consistait à découvrir ce disrupteur de Quarks, plus précisément à localiser, au fond d'un puits profond de huit cent mille mètres, le cerveau de commande relié à une série de disrupteurs enfouis dans le socle continental de Xinthya. Certes, ma seule réponse sur celle-ci permettait à ma caméra de renseigner l'État-Major, mais une localisation par triangulation aurait été de beaucoup préférable. Aussi bien, lorsque nous pûmes nous évader, j'ordonnai à l'équipage de l'astronef d'accomplir deux révolutions orbitales autour de Xinthya, l'une équatoriale, l'autre polaire. Ainsi, tout au long de ces vols, ma caméra pourrait-elle envoyer au QG des images profondes de la planète susceptibles de déceler la présence d'un tel puits et de sa chaîne de disrupteurs.

« Tout à l'heure, j'ai pu m'entretenir par liaison subspatiale avec notre QG. Les images enregistrées durant mon séjour sur Xinthya ont bien permis la localisation de ce puits, à la verticale du palais de Thyallouhora à sa base, il renferme effectivement un cerveau de commande, relié à une chaîne d'énormes caissons en supermétal ceinturant la planète dans les couches profondes de ses socles continentaux. Toutefois, et là nos experts sont absolument formels : ces caissons, logés au fond d'autres puits géants, *sont vides!*

« La Divine Sagesse a donc menti! Le disrupteur de Quarks n'est qu'un épouvantail brandi depuis des lustres pour décourager toute expédition punitive contre sa forteresse planétaire! Tout cela n'est que du bluff, un coup de poker! En revanche, ces sondages par caméra neutrinique nous ont permis de découvrir la centrale énergétique alimentant la planète entière. Que nous parvenions à détruire cette centrale et Xinthya tombe entre nos mains, incapable de riposter efficacement contre nos escadres spatiales. La décision appartient désormais à notre État-Major. Voilà, donc, les excellentes nouvelles que je devais vous rapporter.

Il se rassit sous les applaudissements et le général Shorloo conclut :

– En attendant cette décision, le temps est venu pour vous, mes amis, de prendre un repos mérité.

Du menton, il désigna un clignotant rouge qui venait de s'allumer sur un écran mural :

– Nous sommes arrivés sur notre base lunaire du Marais du Sommeil. Un nom tout indiqué pour vous reposer!...

***

Protégés par un gigantesque dôme oblong et doublé d'un champ répulsif la mettant à l'abri des chutes de météorites, la base lunaire comportait une série de longs bâtiments adossés à une colline blanchâtre. Au-delà du dôme protecteur, l'aire d'alunissage s'étendait sur une morne plaine, au sol irrégulier comme un pavage de mâchefer. La ligne nette de l'horizon, sans demi-teinte, tranchait sur le noir de l'espace où brillaient les étoiles, privées ici de tout scintillement.

En entrant dans le « module » qu'on lui avait attribué un instant plus tôt, Gilles s'était approché de la baie vitrée pour contempler l'étrange paysage. A droite, dans une portion de plaine découverte par l'angle de sa fenêtre, il pouvait admirer, avec une intense émotion, l'orbe claire, vert bleuté, de la planète Terre qui, pareille à une fabuleuse mappemonde, s'élevait peu à peu dans le ciel nocturne. Il distinguait les deux Amériques, le Groenland drapé sous la masse diffuse des nuages, mais rien de l'ancien continent encore plongé dans la nuit.

Le journaliste ramena ses yeux sur le cosmodrome lunaire. Une trentaine d'astronefs discoïdaux s'y alignaient, formidables « toupies » juchées sur leurs triples béquilles télescopiques, outre un plus grand nombre de petits appareils de reconnaissance lenticulaires, ovoïdes ou coniques, ces derniers pourvus de nombreuses tigelles perpendiculaires – destinées à quel usage? – qui vibraient curieusement lorsque l'un d'eux se posait ou prenait son essor. S'agissait-il d'un dispositif destiné à régulariser ou annuler à volonté l'intensité de la pesanteur à bord de ces appareils? Cette réflexion en amena une autre chez le journaliste : il n'avait, dans cette base lunaire, constaté aucune différence notable d'allégement de son corps. Or, l'intensité de la gravité lunaire étant six fois inférieure à celle de la Terre, il eût dû s'y trouver, en toute logique, six fois plus léger. Tel n'était pas le cas. Comment les Elohams parvenaient-ils à créer une pesanteur artificielle – égale à celle de la Terre ou de leur monde d'origine – dans une base *fixe*? Agacé par ces énigmes insolubles de par son seul raisonnement, il haussa finalement les épaules et songea à examiner plus en détail son « module ». Ce terme désignait une « unité de logement », minuscule mais confortable, comprenant une chambre avec salle d'eau et toilettes. Aucune cuisine, les occupants affectés à la base lunaire prenant leurs repas en commun dans un réfectoire.

Sur le lit, Gilles trouva une courte tunique bleue, un ceinturon noir mat et un micro-visiophone individuel doté d'un bracelet pour être porté au poignet. Il ne fut pas fâché de pouvoir se débarrasser de l'uniforme de milicien de la Divine Sagesse et prit une douche, savourant avec délice le ruissellement de l'eau sur son corps. Il regretta de ne point disposer ici de son eau de toilette Macassar.

Ravigoté par cette douche, il n'eut plus envie de se coucher tout de suite et décida – amusé – d'essayer la tunique bleue. Devant la glace, il boucla son ceinturon et fit la moue, évidemment peu habitué à cette mode évocatrice de la Rome ou de la Grèce antique! Un coup d'œil à la fenêtre de son « module » – situé au 4e étage d'un bâtiment qui en comportait six –, il put constater que plusieurs de ses compagnons l'avaient imité et devancé : vêtus de ces courtes tuniques claires, ils se promenaient le long de la paroi transparente du dôme géant. Décidant d'aller les rejoindre, il sortit... pour se trouver en face de Stoïka. La jeune femme avait, elle aussi troqué le sinistre uniforme noir de milicienne pour une tunique vert tendre, légèrement arachnéenne, comme les ailes irisées d'un éphémère.

– Je n'avais pas envie de dormir et je venais te voir... Te chercher pour faire un tour dans la base, se reprit-elle vivement, troublée par sa bévue.

Il la contempla longuement, la saisit par les épaules, admira ses seins qui tendaient le tissu diaphane de son léger vêtement et murmura :

– Sais-tu que tu es adorable, Stoïka?

– Je le sais, mais j'ai plaisir à te l'entendre dire, plaisanta-t-elle en se laissant attirer contre sa poitrine.

Leurs lèvres s'unirent en un baiser passionné, comme pour oublier les affres par lesquelles ils étaient passés, où ils avaient éprouvé cette attirance mutuelle sans pouvoir cependant céder à leurs penchants.

– Ma chérie, tu tiens absolument à la faire, cette promenade dans la base?

– J'y tiens absolument..., mais pas obligatoirement tout de suite, sourit-elle en refermant la porte. .

***

Régine Véran parut au seuil de son module en compagnie du commandant Lynkhor; ils échangèrent un baiser mais durent se séparer vivement : du module voisin, Gilles et Stoïka venaient de sortir! Ils s'entre-regardèrent, plus amusés que gênés, puis rirent tous quatre franchement tandis que Régine expliquait, d'un ton faussement dégagé :

– J'avais une poussière dans l'œil...

Ils firent quelques pas ensemble, tournèrent à gauche dans le couloir et stoppèrent net, partagés entre l'envie de rire et de se cacher tant le spectacle découvert était drôle : imaginez un homme corpulent, de haute taille, l'embonpoint en avant et vêtu d'une courte tunique tombant à mi-cuisse sur des jambes et des mollets velus ! L'abbé Morvan – il ne les avait point entendus venir, dans son dos – s'avançait très mal à l'aise, rasant presque les murs dans la crainte d'être surpris affublé de cet accoutrement. Il se retourna brusquement et son visage poupin passa alors par toutes les teintes de l'arc-en-ciel !

– Dieu me pardonne ! gémit-il. Je... Je n'ai vraiment rien d'autre à me mettre et je... Ce déguisement me remplit de confusion !

– Allons, M. l'abbé, l'encouragea le journaliste, je trouve que cela vous va... fort bien.

Il prit un air malheureux et secoua la tête :

– J'ai l'impression d'aller à un bal costumé sur le thème d'Astérix chez les Romains !

– Vous voulez dire « Obélix » ! pouffa Régine qui regretta aussitôt d'avoir laissé échapper ce rectificatif, plus en accord avec la silhouette massive du sympathique abbé.

– Nous arrangerons cela dès demain, Jacques, promit le commandant Lynkhor. Notre magasin est amplement pourvu en vêtements de toutes sortes.

– Vous auriez une... soutane? fit-il, plein d'espoir et comique dans son anxiété.

– Non, mais des tenues modernes d'ecclésiastiques : costume deux-pièces gris sombre et chemise à col ras. Nos agents sont bien obligés de faire du « mimétisme » et de s'adapter aux usages des Terriens lorsqu'ils vont en mission sur votre planète. Et puis, Jacques, persuadez-vous bien que vous ne portez pas un déguisement : ces tuniques, les hommes et les femmes de la base les portent tous les jours. Lors des vols cosmiques, ils les troquent contre des collants d'uniforme.

L'ascenseur les déposa au rez-de-chaussée où ils quittèrent le bâtiment pour aller se promener le long de l'immense dôme coiffant la base lunaire. A plusieurs reprises, ils devaient croiser certains de leurs compagnons, également porteurs de ces courtes tuniques, et bavarder avec eux.

– En somme, conclut Régine Véran, la mode terrienne des mini-robes et mini-jupes – « inventées » déjà dans les années trente par les auteurs de Science-Fiction! – rejoint ce type de tunique où je me sens très à l'aise.

– Parlez pour vous, mademoiselle! maugréa l'abbé Morvan en tirant machinalement sur le pan de sa courte tunique. Si mon archevêque me voyait, il tomberait sûrement en syncope! Et mes paroissiens, donc!

Le commandant Lynkhor s'était arrêté, les yeux levés vers le ciel noir clouté d'astres dont la brillance, en l'absence d'atmosphère, était beaucoup plus vive que vus depuis la Terre. Un point lumineux semblait tomber en oblique vers la base.

– Une météorite? s'inquiéta Régine.

– Non, une météorite ne brille jamais en abordant la Lune. En l'absence d'air, elle ne pourrait entrer en ignition, expliqua Lynkhor. L'alarme n'a pas retenti dans la base, il n'y a donc aucun danger.

– Mais qu'est-ce que cela peut être? fit Stoïka en cherchant à discerner la forme de l'objet, déjà mieux visible.

Peu à peu, des détails leur apparurent : en forme de cône pourvu de quatre pieds qui le faisaient ressembler à un gros insecte (bien que ceux-ci eussent six pattes!), l'engin déployait une série d'antennes, de miroirs, telles des ailettes, autour de son corps fusiforme et trapu.

– Une sonde lunaire, fit Lynkhor. Un laboratoire automatique envoyé sur la Lune par les Américains ou les Russes.

– Ne risque-t-il pas de s'abattre sur un vaisseau? s'alarma Gilles.

– Non. Depuis un bon moment déjà, nos stations de détection l'ont pris en charge afin d'orienter sa chute dans un cratère voisin, où ses caméras automatiques ne pourront filmer que le sol nu et la paroi intérieure du cratère!

– D'accord pour le point de chute, mais *avant*, Lynkhor? Les caméras de ce labo cosmique auront eu le temps de filmer vos installations!

– Détrompe-toi, Gilles. Ce n'est pas la première fois que nous avons eu à intervenir pour dévier sensiblement la trajectoire de fusées et autres sondes spatiales envoyés par les hommes. Chaque fois, bien avant que les caméras ne puissent retransmettre des images de nos installations, nous avons modifié l'angle de rotation de l'engin sur lui-même afin que le champ exploré par ses objectifs ne soit pas celui que nous occupons!

« Ainsi, jusqu'ici, Russes et Américains n'ont-ils jamais soupçonné la présence de nos bases lunaires, d'ailleurs en voie d'évacuation, le général Shorloo vous l'a dit. La Lune devient, en effet, un peu trop fréquentée à notre gré.

– Mais lorsque les humains établiront une base permanente sur la Lune, ils finiront bien par découvrir les vestiges de vos installations, objecta Gilles Novak.

– C'est indéniable. Mais comme ces « résidents » seront exclusivement composés de militaires, tenus au secret le plus absolu, vous pouvez être certains que leur gouvernement ne rendra pas publique une telle découverte... Et le monde continuera d'ignorer, longtemps encore, que des êtres pensants, venus de l'espace ont séjourné sur la Lune et y ont édifié des bases d'observation.

Le satellite lancé par les hommes venait de disparaître derrière la crête dentelée d'un cratère. Peu de secondes plus tard, les *tracking stations* terrestres recevraient les images du sol lunaire. Des images sans grand intérêt ne pouvant, en aucune manière, autoriser à penser qu'à quelques kilomètres de là s'élevait une base construite par des humanoïdes dont les astronefs sillonnent la galaxie depuis le Paléolithique!

***

Plus de cinq cent mille personnes avaient trouvé place sur les gradins en demi-cercle de la colossale esplanade des sports qui s'étendait au pied de Thyallouhora, la Ville Sainte, siège galactique de la Divine Sagesse.

Sur une plate-forme antigravifique stationnant au point fixe à une cinquantaine de mètres du sol, en retrait des gradins, le « dieu incarné » avait réuni autour de son trône d'apparat soixante dignitaires du haut clergé.

Agglutinés sur les gradins, les spectateurs poussaient de temps à autre de formidables ovations, se dressaient à demi et gesticulaient, rendant grâce à la Divine Sagesse chaque fois que l'équipe des bourreaux œuvrant dans l'arène innovaient en matière de supplices. Car il ne s'agissait nullement d'une manifestation sportive, mais bien d'une série de Mortifications Publiques infligées sur l'ordre de la Divine Sagesse à ceux qu'il tenait pour responsables de la fuite des Terriens. Cent cinquante condamnations avaient été prononcées, parmi lesquelles figuraient celles du commandant en chef de la Sécurité, du général de la Milice et de bien d'autres officiers supérieurs des deux sexes.

Filmée sous tous les angles par de multiples caméras, la séance avait commencé depuis deux heures déjà et un monceau de corps ensanglantés s'entassaient dans une fosse où ils allaient finir après avoir subi les pires tourments. Juste retour des choses « outre-ciel », les bourreaux devenant ainsi les victimes!

Savamment dosé, allant crescendo dans l'horreur, le spectacle avait commencé avec le menu fretin pour s'achever en apothéose avec les mortifications infligées aux grands responsables dont « l'incurie » avait permis ces évasions sacrilèges.

Couverts par les cris hystériques des spectateurs fanatisés, les hurlements des victimes ne s'entendaient pratiquement pas. Suspendus par les pieds ou par les poignets à un portique central, leur corps tuméfiés, ruisselants de sang, reçurent des jets d'acides projetés en aérosol par les bourreaux afin d'aviver leurs dernières souffrances.

La joie des spectateurs ne connut alors plus de borne et se déchaîna sur les gradins en vociférations démentielles. Du geste, la Divine Sagesse réclama le silence et sa voix, retransmise par des haut-parleurs qui couvraient les râles d'agonie des victimes, proclama :

– La volonté de Dieu s'est accomplie! Les coupables ont payé. Puisse leur châtiment servir d'exemple à ceux qui président à la Sécurité, à la Milice et à la Sainte Garde de Thyallouhora. Incarnation du Dieu Suprême de l'Univers et reconnu Gardien de la Sagesse Divine, j'ai reçu pour mission de protéger Xinthya, notre Planète Sainte et Sacrée entre toutes.

« Les Elohams du Pouvoir Central se corrompent d'âge en âge et leur turpitude atteint aujourd'hui un degré jamais égalé. Veillons, mes fils, veillons à sauvegarder l'intégrité de nos doctrines, de notre piété et noyons dans le sang les crimes commis par les impies. Mais protégeons, accordons notre charité aux planètes non encore corrompues par un retour des Elohams scientistes. C'est à moi, à mon clergé divin qu'incombe le devoir sacré de dispenser la Vérité et les Révélations, pas aux misérables du Pouvoir Central. Si les sacrilèges de ces derniers continuent de souiller la Confédération et menacent d'atteindre d'autres mondes, Dieu nous accordera la puissance nécessaire pour les exterminer!

« Que le sacrifice divin de ces coupables soit un témoignage de notre détermination à balayer les ennemis de Dieu. C'est à ce prix, à ce prix seul que la Foi véritable pourra survivre et rayonner toujours plus loin dans l'Infini, conclut-il en portant la main droite au cœur de la spirale scintillant sur sa poitrine pour dessiner ensuite, avec lenteur, une spirale dans l'air.

Après cette « bénédiction », la plate-forme anti-gravité s'éleva, en direction du palais, au faîte de la Ville Sainte. Dix minutes plus tard, indifférents à la dernière phase du spectacle – le lynchage de deux cent soixante prisonniers Terriens qui allaient être livrés à la populace – la Divine Sagesse et une partie de ses dignitaires gagnèrent les vastes laboratoires situés aux niveaux souterrains du palais.

Ils pénétrèrent dans une imposante salle sur les murs de laquelle s'alignaient une multitude de grands écrans télévisionneurs subspatiaux. Devant chacun d'eux se dressait un pupitre de commandes complexes, bardé de voyants lumineux associés à des contacteurs diversement colorés.

Le vieillard s'approcha de l'un des écrans dont le servant – en tunique blanche à spirale dorée – s'inclina très bas pour le saluer.

– L'heure est-elle propice pour une Action de Grâce, Toloung?

Le Grand Prêtre leva la tête pour consulter l'un des planisphères lumineux reproduisant les continents terrestres :

– Ô Divine Sagesse, l'heure est propice pour Lourdes, en France. C'est dimanche et la foule doit y être nombreuse.

– Fatima?

– Non, Divine Sagesse. Le pèlerinage classique s'y déroule le treize de chaque mois, mais les pèlerinages exceptionnels commémorant les apparitions se font le treize des mois de mai à octobre. Or, aujourd'hui, le calendrier terrestre indique, pour la France, le dimanche vingt-huit mai.

– Soit, Lourdes conviendra.

Toloung s'inclina, changea de pupitre de commandes et abaissa un contacteur. Sur l'écran se forma graduellement l'image de Lourdes, avec sa colline sacrée où des groupes statuaires couleur bronze, à l'échelle humaine, figuraient les diverses stations du Chemin de Croix menant le Christ au Golgotha. L'image se déplaça, balaya le paysage et se fixa enfin sur une foule en marche vers la grotte de Massabielle, dominée par la magnifique basilique élevée en 1876 à la glorification de l'Immaculée Conception apparue à l'humble Bernadette Soubirous.

Le Grand Prêtre régla une autre commande et, par un effet de zoom, l'écran cadra en plan général plus rapproché la grotte devant laquelle priaient les pèlerins, avec leurs cortèges de malades et d'infirmes.

Sur le point de donner un ordre, la Divine Sagesse eut son attention attirée par un événement jugé des plus innopportuns : parmi les malades en prière un homme, jeune encore, cloué sur sa chaise de paralytique, tressaillait violemment, saisissait les accoudoirs de son fauteuil roulant et, lentement, se levait. Bouleversé, il posa un pied sur le sol, descendit avec des gestes maladroits, fit un pas, puis deux, puis trois et se mit à pleurer, secoué par des sanglots tandis que, autour de lui, la foule tombait à genoux, étreinte par une vive émotion. Le miraculé s'était agenouillé lui aussi et priait, le visage baigné de larmes.

Un prêtre, des bonnes sœurs, un médecin, des brancardiers s'étaient hâtivement approchés pour protéger le paralytique, subitement guéri, de la foule des croyants qui, à vouloir le toucher, risquait de l'étouffer!

Très pâle et agité par des sanglots, le jeune homme s'était remis debout, marchant avec peine encore mais marchant, soutenu par les brancardiers...

Dans le vaste laboratoire souterrain du palais, Toloung se montrait embarrassé par la scène poignante à laquelle ils venaient d'assister : son trouble n'échappa point à la Divine Sagesse qui eut ce mouvement d'humeur :

– Eh bien, quoi, Toloung? Nous sommes entre nous, non? Dieu peut bien, Lui aussi, faire des miracles! Je n'en conçois pas pour autant de la jalousie ou un complexe d'infériorité! Ce qu'Il dispense au compte-goutte je puis, *moi*, le multiplier par cent, par mille si tel est mon bon vouloir... Continue ce qu'Il a commencé!

Le Grand Prêtre s'affaira sur le pupitre constellé de cadrans, boutons et voyants lumineux. A une distance fabuleuse de là, un flux d'invisibles rayons polybioniques régénérateurs inonda malades et infirmes. En quelques instants, leurs germes pathogènes détruits, leurs cellules cancéreuses stérilisées, leurs cavernes pulmonaires (sclérosées par la tuberculose) remplacées par des tissus, des cellules saines à mitose ultrarapide, ils se levèrent, au comble de l'émotion, les yeux noyés de larmes! Mains jointes et du fond de leur cœur ils adressaient à l'Immaculée Conception la plus fervente des prières.

Ces miracles en série avaient semé l'émoi et la stupeur chez les pèlerins qui, de proche en proche, répandaient la formidable nouvelle et joignaient leurs prières à celles des miraculés.

Dans son laboratoire, le vieillard esquissa un sourire qu'il voulait extatique, mais où perçait une indécente ironie :

– N'est-il pas merveilleux, ce pouvoir divin qui me fut accordé de dispenser le bien sur les mondes baignés par la Très Sainte Spirale?

Vieux singe auquel nul ne pouvait apprendre la grimace, Toloung s'inclina, respectueux, sans dire mot.

– Apparition! ordonna le vieillard. Diffuse la formule enregistrée ce matin pour la circonstance...

Sur l'écran, dans la pénombre de la grotte de Lourdes, l'on vit apparaître l'Immaculée Conception nimbée d'une aveuglante clarté cependant, que sa « voix » – celle d'une milicienne, gravée sur bande magnétique! – prononçait avec douceur : Priez et repentez-vous, car le monde est mauvais, souillé par le péché. Dans Sa miséricorde, Dieu exauce les cœurs purs, mais Sa Justice est aussi sévère qu'est douce sa bonté. L'heure est venue pour les hommes de choisir entre la voie de l'Amour Divin et celle des errements, des fallacieuses promesses menant au chaos. La Vérité est Une, celle de Dieu, de Ses révélations, de Ses manifestations reconnaissables entre toutes.

« Méfiez-vous des signes dans le ciel. Tous ne sont pas d'essence divine. Car des signes naîtront dans le ciel pour séduire les hommes et les conduire à leur perte.

« Priez, priez, gardez votre cœur pur et ouvert aux seules révélations de Dieu et de ses Saints...

Lentement, l'apparition s'estompa, laissant les fidèles témoins de ce nouveau prodige plongés dans l'extase.

– Un message suffisamment clair pour jeter l'anathème sur les Elohams s'ils s'avisent désormais de débarquer sur la Terre afin de dénoncer nos... pieuses intentions, ricana la Divine Sagesse. Cette fois, trop de gens l'ont entendu pour que notre message ne parvienne pas au monde dans son intégralité. L'erreur que nous avons commise, en 1917, en faisant des révélations analogues aux trois petits bergers de Fatima, au Portugal, ne se renouvellera pas. Le Vatican qui, malgré sa promesse de rendre publiques ces révélations en 1960 ne l'a pas fait [1], ne pourra plus rien cacher! Nous avons pris les Elohams de vitesse et s'ils s'avisent, demain ou

1. Authentique. La promesse fut formellement annoncée. Or, le 11 février 1967, le cardinal Ottaviani rétorqua : « S'il s'agit d'un secret comment peut-on prétendre qu'il soit révélé? » (Considérées longtemps comme secrètes, les deux premières parties des révélations faites à Fatima furent pourtant rendues publiques). Alors?...

dans dix ans, d'entrer en rapport avec les Terriens, ceux-ci se souviendront alors de la mise en garde de « l'Immaculée Conception » et y réfléchiront à deux fois avant de gober leurs belles paroles! A tout le moins, deux clans se formeront sur la Terre : les partisans de ces humanoïdes, jugés pleins de bonne volonté à leur égard et celui des bigots, ayant la foi du charbonnier, qui flaireront le soufre et les identifieront volontiers aux légions lucifériennes préludant à la fin des temps! De toute manière, cet état de choses ne facilitera pas la tâche des Elohams; les Terriens leur donneront du fil à retordre!

Toloung s'inclina pour demander :

– Ô Divine Sagesse, que ferons-nous pour la « Conversion de la Russie » déjà annoncée par nos soins, en 1917, à ces petits bergers?

– Le treize du mois prochain, sur la Terre, nous renouvellerons des « miracles » à Fatima, avec révélations à l'appui et rappel de cette conversion. Les révélations annonceront les catastrophes qui s'abattront sur les mauvais serviteurs de Dieu.

– Séisme?

– Non, Toloung, trop classique. Cela pourrait paraître accidentel. Tu provoqueras l'effondrement du Kremlin cependant qu'un champ d'ionisation jettera une auréole éblouissante sur les bulbes dorés de l'église de Basile le Bienheureux, à l'autre l'extrémité de la Place Rouge, qui fut primitivement la cathédrale de l'Intercession de la Vierge. Les amateurs de symbolisme seront servis! La concomitance des deux événements frappera l'imagination des foules. D'aucuns pronostiqueront la conversion de la Russie, son retour dans le giron de l'Eglise catholique et romaine. Dès lors, la « prophétie » de Fatima sera accomplie... presque entièrement.

– Il en sera fait selon ta volonté, Ô Divine Sagesse...

***

La veille des sauvages séances de Mortifications Publiques perpétrées à Thyallouhora, le général Shorloo, dans son bureau de la base lunaire, avait réuni le commandant Lynkhor, Régine Véran, Gilles Novak, Stoïka et l'abbé Jacques Morvan, cette fois, vêtu du costume gris sombre des ecclésiastiques. A son expression soucieuse, ses amis comprirent que l'officier supérieur n'était pas porteur de bonnes nouvelles.

– Dans une allocution diffusée sur Xinthya, la Divine Sagesse vient d'annoncer pour demain une séance de tortures publiques devant être infligées aux personnalités et dignitaires jugés responsables de votre évasion. Lesdits « responsables » ayant été eux-mêmes des sadiques, la nouvelle aurait plutôt tendance à me réjouir. Mais le drame – affreux – c'est qu'à cette occasion, les autres prisonniers – des Terriens, ceux-là – restés aux mains de la Divine Sagesse seront ensuite livrés à la foule pour être lynchés.

« L'ensemble du... spectacle sera télévisé pour permettre à toute la population planétaire d'y assister. Cela servira également d'exemple salutaire aux miliciens et gardes qui, dorénavant, devront se montrer plus vigilants.

– Ne peut-on vraiment rien tenter pour délivrer ces malheureux promis au lynchage?

– Rien, M. l'abbé. Une action prématurée serait vouée à l'échec, lesquel se répercuterait infailliblement sur nos plans d'ensemble visant à abattre, à jamais, la Divine Sagesse et son clergé maudit.

Il fit une pause, enchaîna :

– En revanche, nous allons mettre à profit la fascination malsaine de la population rivée aux écrans des téléviseurs montrant les scènes de tortures pour tenter de débarquer un commando sur Kinlda, la cinquième lune de la Planète Sainte, après avoir détruit son Centre de Coordination des Radars de Surveillance protégeant Xinthya.

– Pourquoi ne pas anéantir purement et simplement ce globe? objecta Gilles. Une civilisation, telle que la vôtre, doit être en mesure de le faire, non?

– Aisément, Gilles, soyez-en sûr. Mais nous tenons à capturer vivante la Divine Sagesse et saisir les films, les documents indispensables à l'instruction du procès de ce clergé sanguinaire. Un jour, peut-être pas tellement lointain, nous *devrons* prendre contact avec les Terriens. Il nous faudra alors leur avouer qui étaient les « dieux » civilisateurs du passé – auxquels ils doivent leur évolution spirituelle – et dénoncer les activités maléfiques du clergé au sein de notre Confédération Galactique. Nous avons des devoirs envers eux et voulons les aider à accomplir un nouveau bond sur la voie de l'évolution; nous devons les préparer à l'avènement de l'Ere du Verseau dans laquelle ils sont entrés sans trop s'en rendre compte, exception faite de certains esprits *mutants,* tel le vôtre, Gilles et celui de vos homologues, Serge Hutin, Robert Charroux, Jean-Charles

Pichon, Jean Sendy entre autres [1]. Et cet avènement de l'Ere du Verseau sera celui aussi d'un Dieu nouveau. *Inéluctable.* Sa naissance – si l'on peut s'exprimer ainsi à l'égard de Dieu dans sa nouvelle incarnation – sera marquée par bien des remous, peut-être par le chaos dont parlent les Traditions issues indirectement de nos ancêtres civilisateurs déifiés par les vôtres. Ces bouleversements seront le fruit d'un syncrétisme religieux, la religion condamnée à disparaître – celle de l'Ere des Poissons – interférant encore avec les prémices de la croyance nouvelle; de même, des sursauts ultimes de l'Ere du Bélier furent enregistrés durant l'ère christique des Poissons.

« Pour conclure, ce que nous allons tenter sur Kinlda d'abord et sur Xinthya ensuite constitue une opération des plus périlleuses...

Régine Véran soupira :

– Que ne donnerais-je pas, malgré le danger, pour vivre cette opération. Et quel reportage en perspective!

Un sourire sans joie erra sur les lèvres du général Shorloo :

– Vous n'aurez rien à donner, Régine. En vous exposant ce plan très schématique, notre intention est bien de vous demander – à vous tous – de *participer à sa réalisation.* Certes, vous n'êtes pas des... guerriers, encore que Gilles et Stoïka aient montré de singulières dispositions pour l'action en commando, mais j'ai besoin de vous. De vous aussi, M. l'abbé.

1. Consulter la bibliographie en fin de volume.

– Je suis à votre disposition, général, répondit le brave homme, non sans surprise. Mais Dieu me pardonne si je comprends pourquoi vous avez besoin de moi! M'enrôleriez-vous à titre d'aumônier militaire?

– Non, M. l'abbé, à titre de témoin, tout comme nos amis. Et je vous charge de décider vos autres compagnons d'évasion de nous accompagner sur Xinthya. Eux resteront sur Kinlda pendant les opérations de débarquement, mais vous quatre – sauf refus de votre part – je vous demande d'être volontaires au sein du Commando I – évidemment le plus exposé – que dirigera le commandant Lynkhor.

– Quand partons-nous? fit Régine en se levant avec une précipitation fébrile qui amena un sourire chez Gilles Novak.

Celui-ci la tira par le ceinturon de sa tunique pour la faire se rasseoir :

– Ne t'emballe pas, Régine! Le général n'a pas encore donné le signal du départ!

– Non, en effet, consentit à sourire l'officier supérieur. J'ai besoin de vous pour rapporter un témoignage fidèle et objectif du spectacle auquel vous assisterez. Plus tard, votre témoignage éclairera les habitants de la Terre sur l'effroyable danger représenté par la Divine Sagesse et son clergé, lequel n'applique point les règles divines, mais les ukases démentiels d'un vieillard qui, à l'instar de ses prédécesseurs, se prend pour Dieu... Mais un Dieu maléfique!

– Les docteurs de l'Eglise le qualifient de Satanique, fit l'abbé Morvan. Personnellement, le terme de Lucifÿrien me paraît mieux adapté car l'odieuse tyrannie spirituelle et temporelle de ce vieux fou ressemble assez à ce que l'on peut savoir de Lucifer, l'Ange déchu des Ecritures. Peut-être ledit Lucifer était-il un dieu civilisateur insoumis? Un Eloham du clan faisant obstacle à vos ancêtres venus donner un coup de pouce à notre civilisation prébiblique, général?

L'officier hocha pensivement la tête :

– Le néo-ésotérisme de notre ami Gilles Novak a fait école, M. l'abbé. Votre clairvoyance me le prouve qui a su identifier Lucifer : le chef du clergé divin entendant régenter le commando civilisateur chargé de former des prophètes messianiques sur la Terre. Lucifer, dont les successeurs – tout en prônant ostensiblement le bien et l'amour des humanoïdes au sein de la Confédération – donnèrent naissance à la trop longue lignée connue sous le nom de Divine Sagesse!

CHAPITRE IX

Le vaisseau-amiral – astronef géant de combat où le général Shorloo et son commando avaient pris place – évoluait dans la grisaille étrange et inquiétante du subespace. Escorté par deux croiseurs rapides, l'appareil avait quitté la base lunaire à l'heure H fixée par le Bloc des Computeurs Electroniques. La chronologie des opérations programmées sur les ordinateurs devait permettre l'émergence hors du subespace à une distance telle de Xinthya que ses stations de détection ne puissent les déceler. Là, un « rendez-vous spatial » avait été prévu avec une escadre de combat composée de cinquante astronefs dont l'armement s'inscrivait parmi le plus redoutable dont disposât l'état-major élohamite.

Dans la cabine qui leur avait été attribuée au départ, Gilles Novak et Stoïka faisaient l'inventaire de leur équipement de « commando » : un ceinturon pourvu de deux gaines, l'une abritant un Pistolaser, l'autre un paralysateur, un poignard de jet, deux étuis, enfin, renfermant chacun vingt micro-grenades.

Ils achevaient de fixer à leur poignet le bracelet

d'un émetteur-récepteur individuel lorsque le diffuseur mural annonça l'approche du point d'émergence.

Tous deux s'allongèrent sur la couchette et Gilles assujettit sur leurs corps les sangles de sécurité cependant que Stoïka se pelotonnait dans les bras de son compagnon. Ils songeaient, à cet instant précis, à une autre sortie du subespace où la jeune femme avait eu juste le temps de saisir le journaliste pour l'attirer contre elle avant que le malaise ne le terrasse.

Vertiges, nausées, accélération des pulsations cardiaques, altération de la vision; sensations désormais classiques de ce singulier phénomène transitoire entre la translation subspatiale et le retour à l'espace normal.

Ils restèrent allongés un moment encore afin de laisser se dissiper les dernières traces de ce malaise puis rejetèrent les sangles de sécurité. Suivant les consignes reçues, Gilles et la jeune femme abandonnèrent leurs tuniques pour revêtir – une nouvelle fois – le sinistre uniforme de milicien et milicienne au service de la Divine Sagesse. Ils achevaient de boucler leurs ceinturons lorsque le diffuseur lança cet appel :

– Attention! Attention! Stoïka, Régine Véran, l'abbé Morvan et Gilles Novak sont priés de se rendre immédiatement au PC du général Shorloo. Je répète...

Dans la coursive, Gilles et sa compagne retrouvèrent Régine et prirent au passage l'abbé Morvan qui, cette fois, avait trouvé un uniforme à sa taille corpulente! Un Eloham, en tenue bleue de l'armée spatiale, les pilota dans un dédale de coursives jusqu'à l'ascenseur. Au pont supérieur, sous le vaste dôme transparent du poste de pilotage, le général Shorlòo et le commandant Lynkhor suivaient la bonne marche des opérations sur une série d'écrans télévisionneurs disposés au-dessus du pupitre central de commande. D'autres humanoïdes, sur des pupitres voisins, vérifiaient divers instruments de contrôle.

– Tout va bien, annonça Shorloo en faisant pivoter son fauteuil rotatif vers les nouveaux venus. L'escadre de combat nous suit, calquant sa vitesse sur la nôtre. Nous serons en vue de Xinthya dans un peu moins de deux heures. Nous venons de capter le télé-émetteur central de Thyallouhora : les sbires de la Divine Sagesse achèvent de supplicier les « responsables » de votre évasion. Plus de cinq cent mille personnes assistent à ce spectacle public télévisé et retransmis sur l'ensemble de la planète.

« Ce qui est atroce, c'est que nous ne puissions rien faire pour sauver les prisonniers terriens voués au lynchage. Toute intervention prématurée aboutirait à l'échec de nos plans visant à débarquer, la nuit seulement, aux abords de Thyallouhora. Nous allons profiter de ce que la population de la planète est actuellement fascinée par cet odieux spectacle pour nous poser sur Kinlda, après avoir détruit le Centre Coordinateur de Détection que nous aurons préalablement berné en lançant dans une direction opposée à notre escadre des leurres électromagnétiques.

L'un des servants postés aux radarscopes alerta le général Shorloo :

– Echos dans le secteur 450/920, général! Cinq *blips* au scope.

– Identification et dispositif offensif!

L'officier observateur exécuta l'ordre reçu cependant que le commandant Lynkhor, penché sur son micro, distribuait les consignes de mise en place du dispositif offensif.

– Paré à attaquer, commandant, annonça trois secondes plus tard un officier apparu sur l'écran du « PC Tir ».

– Identification, annonça à son tour un autre servant. Cinq spatiobus transportant des pèlerins et des prêtres. La spirale scintillante est visible aux flancs des appareils. Il s'agit d'astrobus appartenant à la flottille civile de Xinthya.

– Oui, opina Shorloo. Demain, en effet, sera commémoré le trimillénaire de Thyallouhora, la Ville Sainte. Il est donc normal que cette cérémonie attire des pèlerins et des jeunes prêtres venus recevoir l'initiation aux Mystères Divins devant leur permettre d'accéder à la Prêtrise Supérieure... Fâcheuse rencontre, rumina-t-il. La présence de notre escadre de combat dans ces parages ne manquera pas d'étonner les passagers... Ils vont parler et...

« Réseau d'isolation sur tous ces appareils! ordonna-t-il brusquement.

Dans la seconde suivante, une invisible barrière de potentiel enveloppa les astrobus, désormais coupés de toute possibilité de communication avec la Planète Sainte.

– Ordre à la flotte de combat de poursuivre sa route vers les Lunes de Xinthya; consignes inchangées. Notre vaisseau ralliera Kinlda un peu plus tard.

L'officier supérieur abaissa une manette et poursuivit dans son micro :

– Général Shorloo aux commandants des escorteurs Un à Cinq : nous ouvrons un tunnel de pénétration dans la barrière de potentiel pour vous permettre l'abordage de ces cinq astrobus. Maîtrisez les équipages et bloquez les passagers dans leurs cabines. Exécution.

Sur le grand écran panoramique, l'on vit bientôt les escorteurs foncer l'un après l'autre à travers le tunnel invisible, se déployer ensuite en éventail pour s'immobiliser enfin, chacun au niveau des appareils arraisonnés. Une tubulure annelée s'étira pour aller se bloquer sur la coque des astrobus, à l'emplacement des sas de sortie.

Dix minutes s'écoulèrent et, l'un après l'autre, les chefs des commandos d'abordage apparurent sur les écrans du vaisseau-amiral pour annoncer la réussite de l'opération : équipages et passagers étaient sous leur contrôle. Les astrobus des lignes commerciales étant dépourvus d'armement, l'arraisonnement s'était déroulé sans incident, mais non point sans protestations indignées de la part des pilotes et des prêtres, leur appartenance *sacrée* à la Divine Sagesse leur conférant une immunité inviolable.

Le général Shorloo considéra Lynkhor et ses amis :

– Cet événement nouveau va nous contraindre à modifier nos plans, l'occasion est trop belle. En nous substituant aux prêtres et aux pèlerins, nous devrions pouvoir débarquer sans coup férir sur Xinthya. Cette solution, pourtant, ne me satisfait pas pleinement...

– Il va donc falloir – encore une fois – nous déguiser, prendre l'habit de ces prêtres pour débar quer! soupira Régine, mi-amusée mi-contrariée par cette perspective.

– Peut-être pas, fit Gilles, absorbé dans ses pensées.

– Vous avez une autre idée? s'enquit Shorloo.

Un peu à contretemps, il réalisa qu'en exprimant cette réserve il n'accordait pas tout son crédit à la validité du plan du général Shorloo. Il regretta de s'être laissé aller à jouer les stratèges, mais le commandant en chef des Forces Elohamites l'encouragea amicalement :

– Je vous en prie, Gilles, développez votre idée. Je n'ai jamais prétendu – à l'instar de la Divine Sagesse – posséder la science infuse! Si votre plan est bon, croyez-le, je serai enchanté de pouvoir m'y rallier. Je vous écoute...

***

La nuit s'étendait sur Thyallouhora et les balises de l'astroport dessinaient leurs multiples sillons de lumière.

Dans la tour de contrôle, radios et radaristes reçurent le premier message de détresse avec calme : un astrobus amenant des prêtres et des pèlerins faisait connaître sa position et demandait à atterrir en priorité en raison d'avaries graves survenues à bord. Deux astrocargos furent déroutés et on lui accorda immédiatement l'autorisation de se poser.

Sur les scopes, les opérateurs suivaient avec attention les *blips*, les échos renvoyés par l'appareil en difficulté. Celui-ci était encore à plusieurs milliers de kilomètres de la planète et sa vitesse paraissait anormalement lente. C'est alors qu'un second appel de détresse fut capté, émanant lui aussi d'un autre spatiobus chargé de prêtres et de pèlerins. La voix du pilote, altérée par l'émotion, déclarait que ses appareils de bord, brusquement déréglés, répondaient d'une façon désordonnée à ses sollicitations.

Sur-le-champ, ordre fut donné à un appareil de secours d'aller à la rencontre de l'astrobus endommagé afin de le prendre dans les rets de son dispositif tracto-sustentateur pour lui permettre d'atterrir sans encombre.

A 3 000 kilomètres de là, dans la plaine désertique de Ran-Linn, le petit terrain privé de la Centrale Energétique souterraine desservant l'ensemble de la planète reçut lui aussi un appel prioritaire : de sérieuses avaries contraignaient un astrobus de pèlerins à tenter un atterrissage. Le Chef du Service de la Sécurité Aérienne de la Centrale établit lui-même le contact avec le pilote et exigea qu'il présentât sa plaque individuelle d'identification à l'objectif de son télévisionneur de bord. A la seconde même, le vérificateur analytique du Service de Sécurité confirmait l'authenticité du document métallisé présenté. Pourquoi le pilote n'avait-il pas réclamé du secours à Xinthya? Le périmètre de la Centrale étant décrété zone interdite, il était extrêmement fâcheux – même pour un appareil en difficulté – d'autoriser un tel atterrissage...

D'une voix angoissée, le pilote insista, arguant que les deux astronefs de secours étaient déjà en vol, requis par d'autres appareils en difficulté.

De plus en plus surpris, le chef de la Sécurité de

la Centrale établit le contact-radio avec la tour de contrôle de la Ville Sainte et reçut confirmation des dires du pilote. Celui-ci fut donc autorisé à atterrir. Sur les radarscopes, sans contestation possible, ses évolutions s'effectuaient d'une façon désordonnée, mais sa trajectoire d'approche ne menaçait aucunement la Centrale, située à plus de 30 kilomètres de là et enfouie à 2 000 mètres sous terre.

Soudain, l'écho-radar se mit à grossir; avec une vitesse fantastique, l'appareil en difficulté cessa ses zigzags pour foncer en piqué et aller s'écraser sur les superstructures de la Centrale souterraine. L'explosion fut épouvantable, sans commune mesure avec celle d'un astronef percutant le sol! Un monstrueux champignon noirâtre, sillonné de fulgurations vert-orange, s'éleva du désert, se développa avec des grondements de cataclysme et jaillit dans l'ionosphère.

Le chef de la Sécurité et le personnel de la tour de contrôle n'eurent guère le temps de se poser des questions : née au cœur de l'explosion surmontée du nuage, une boule de feu « bouillonnant » et en expansion vertigineuse volatilisa la tour, les constructions de l'aérodrome et les huit ou dix appareils stationnés devant les hangars!

A l'emplacement de la Centrale Energétique, un cratère d'environ dix kilomètres de diamètre béait dans le sol où il s'enfonçait à plus de 3 000 mètres, laissant entrevoir un magma incandescent où bouillonnait la roche en fusion...

Effets terrifiants de la bombe protonique logée dans la soute de l'astrobus, *téléguidé depuis le vaisseau-amiral du général Shorloo.* Car ce fut depuis le PC de ce dernier, où ils avaient été conduits, que les pilotes des astrobus de pèlerins lancèrent leurs divers messages de détresse visant à berner les autorités, les services de sécurité des divers cosmodromes de Xinthya.

Ourdi par Gilles Novak, le plan avait parfaitement réussi... dans sa phase première : à l'instant même où la Centrale Energétique disparaissait, désintégrée, l'ensemble de la planète était privé de courant et les villes de l'hémisphère obscur plongées dans la nuit. Certes, d'ici à une ou deux minutes, les relais de secours s'enclencheraient, fournissant pour une assez courte période de l'énergie électrique aux points vitaux de chaque cité. Toutefois, la somme même de ces relais serait insuffisante pour alimenter le dispositif défensif de Thyallouhora, les canons-laser et les désintégrateurs géants exigeant un potentiel d'énergie bien trop supérieur à celui que pourraient fournir les groupes de secours.

Alors que les lumières de la Ville Sainte venaient de s'éteindre, les opérateurs de la tour de contrôle, désorientés, se perdaient en conjectures sur l'origine d'une telle panne de courant. Ils songeaient aussi aux appareils en difficulté qui venaient de leur adresser des appels de détresse et, soudain, une formidable déflagration ébranla l'atmosphère, secoua la tour de contrôle tandis qu'une aveuglante lueur trouait la nuit en direction de la caserne des Forces Spatiales de la Divine Sagesse...

Avec une charge protonique beaucoup plus faible, l'un des astrobus piégés venait de percuter cette caserne jouxtant celle de la Milice, pulvérisant les bâtiments et incendiant les quartiers d'alentour sur un rayon de cinq cents mètres.

Rapidement, une indescriptible pagaille s'instaura dans la Ville Sainte. Ne sachant à quoi attribuer cette panne de courant suivie d'explosions meurtrières les habitants, affolés, se ruaient hors de chez eux après avoir, vainement, tenté d'obtenir une communication avec la Milice, les pompiers, l'armée ou le Service de Sécurité de la Divine Sagesse.

***

A bord du vaisseau-amiral, le général Shorloo et ses compagnons contemplaient avec satisfaction les terribles ravages causés aux points stratégiques de la Ville Sainte après l'anéantissement de la Centrale Energétique.

– Votre idée était des meilleures, Gilles Novak, le complimenta Shorloo. Ce stratagème nous a fait gagner un temps précieux et nous a épargné la perte de bien des vies humaines.

– Au prix de celles des passagers des astrobus transformés en bombes volantes! rumina l'abbé Morvan. Je ne suis pas très fier, général, d'avoir participé à cette hécatombe.

Le général Shorloo hocha la tête, compréhensif, mais il répondit avec fermeté :

– Quand tout sera fini, M. l'abbé, je vous demanderai d'avoir le courage de regarder les films montrant ce que fut cette atroce journée, pour les suppliciés de Thyallouhora. Vous verrez, après les tortures des miliciens, miliciennes et autres dignitaires, comment sont morts vos compatriotes Terriens, sauvagement lynchés par la foule animée d'une véritable folie hystéro-sadique. Vous me direz alors quelle pitié de tels hommes pouvaient espérer de nous.

– Vous avez peut-être raison, général, admit l'abbé Morvan. Mais je ne puis me défaire d'un pénible sentiment de culpabilité.

– Ce... sentiment irait-il jusqu'à vous désolidariser de nous?

– Nullement, général. Je me suis engagé à vous servir de témoin et le cas échéant, à me battre à vos côtés. Je tiendrai cet engagement, si Dieu me prête vie.

– Merci, répondit simplement le général Shorloo avant d'établir le contact avec le chef de l'escadre basée sur Kinlda.

Celui-ci reçut l'ordre de faire décoller la moitié de ses effectifs destinés à débarquer sur Xinthya avec le vaisseau-amiral.

Privés de courant, les postes de détection disposés autour de la Planète Sainte furent incapables de déceler l'approche des appareils élohamites; ceux-ci purent donc atterrir sans encombre sur un vaste cercle ayant pour centre Thyallouhora tandis que le vaisseau de Shorloo se posait sur l'astrodrome illuminé par ses puissants projecteurs.

Sous la conduite du commandant Lynkhor, le commando formé de cinquante hommes et femmes élohams – outre les évadés revenus en volontaires dans cet enfer – se dirigea immédiatement vers une plate-forme volante. Celle-ci allait leur permettre de gagner le faîte de la ville pyramidale et le Palais de la Divine Sagesse. Arborant l'uniforme de la Milice, ils n'eurent aucune difficulté pour grimper sur la plate-forme dont Lynkhor prit les commandes. L'engin affectant l'aspect d'un champignon court sur pied coiffé d'un dôme transparent, s'éleva, acquit rapidement de la vitesse. Au-dessous d'eux, les membres du commando purent embrasser du regard l'étendue des dévastations infligées par l'explosion des astrobus aux deux casernes principales. L'un des angles de la cité présentait une large excavation : trois tronçons du même plan incliné supportant les édifices visés avaient disparu. Secoués par la déflagration, de nombreux bâtiments périphériques s'étaient effondrés, entraînant la destruction d'une partie des quartiers inférieurs du plan lové comme un énorme serpent autour de la ville.

Par milliers, les habitants affolés fuyaient au hasard dans la nuit; d'autres prenaient d'assaut les garages abritant les plates-formes volantes et se battaient pour s'en emparer, moins soucieux du sort de la Ville Sainte que de leur propre sécurité!

L'engin piloté par le commandant Lynkhor se posa sur le cosmodrome privé du Palais de la Divine Sagesse, au faîte de la cité pyramidale. Le commando sauta à terre et se dirigea au pas de course vers l'auvent de béton où débouchaient les ascenseurs et le double escalier desservant le palais.

– Pas de quartier! avait recommandé Lynkhor. Tirez sur tout ce qui bouge! Il sera temps de faire une discrimination quand nous aurons atteint les appartements de la Divine Sagesse. Et cette canaille, rappelez-vous, il nous la faut vivante!

Alimentés en courant électrique par des groupes auxiliaires, les ascenseurs étaient en état de fonctionner; ils les négligèrent pourtant, et, pistolaser au poing, empruntèrent l'un des escaliers. Un martèlement de bottes sur le sol, des bruits de voix, leur parvinrent : une dizaine de miliciens débouchaient d'un couloir! Les dards fulgurants des pistolasers les scièrent littéralement en deux, sans qu'ils n'eussent pu réagir! L'écœurante odeur de chair brûlée, ces cadavres coupés au niveau de la taille et dont les viscères se répandaient sur le sol, donnèrent la nausée à Régine Véran. Stoïka la rudoya amicalement :

– Allons, ce n'est pas le moment de tourner de l'œil!

– Non, vraiment pas le moment! renchérit Lynkhor en soulignant cettre phrase évocatrice d'un sourire de connivence.

Poursuivant leur descente, ils atteignirent l'étage de la salle du trône sans avoir rencontré âme qui vive. Le large couloir était faiblement éclairé par des rampes fluorescentes de secours; à la faveur de cet éclairage parcimonieux, en bon ordre et au pas, ils purent s'approcher du hall où se tenaient cinq hommes en armes. Eu égard à la confusion qui régnait à travers la cité, ceux-ci ne trouvèrent pas tout de suite insolite la venue de ce groupe de miliciens et miliciennes marchant au pas. L'officier des gardes fit la sommation d'usage en levant son arme sans se presser, obéissant ainsi à la routine. Il n'avait pas achevé son geste lorsque les pistolasers le fauchèrent – et avec lui ses hommes – comme des mannequins dans un jeu de massacre.

Le commandant Lynkhor porta son émetteur-récepteur bracelet devant sa bouche et établit le contact avec le vaisseau-amiral pour informer Shorloo de la situation :

– Tout est calme, général. Nous sommes à la porte de la salle du trône. Nous allons tenter de capturer la Divine Sagesse et de ramener également les films, pièces à conviction nécessaires pour instruire son procès. Terminé.

– Bonne chance, Lynkhor, et que Dieu vous garde. Terminé, je coupe.

Gilles ôta au cadavre de l'officier des gardes le bracelet magnétique spécial et l'appliqua sur le système de verrouillage de la porte monumentale; celle-ci s'ouvrit sans bruit. Le doigt sur la détente, le journaliste et Lynkhor inspectèrent prudemment l'imposante salle du trône – vide – avant de s'y aventurer, suivis par leurs compagnons.

Soudain, une voix tonitruante mais assourdie par la distance résonna, semblant provenir de l'extérieur. Ils se ruèrent vers la grande terrasse et purent alors, stupéfaits, apercevoir au-dessus de la ville la silhouette de la Divine Sagesse, auréolée de lumière et immobile dans la nuit. Il s'agissait manifestement d'une projection holographique. Bras étendus, le vieillard adressait un vibrant appel à ses ouailles :

– Fils de Xinthya, ne succombez pas à la panique! Restez à vos postes! Les Elohams corrompus ont osé s'attaquer à la Ville Sainte, détruisant la Centrale Energétique de Ran-Linn, anéantissant les casernes de la Milice et des Gardes Séculiers de Thyallouhora, menaçant ainsi directement l'Emanation Divine!

« Ces crimes monstrueux seront punis! Mais pour venger nos morts, chacun doit rester à son poste et remplir ses devoirs. La loi martiale est immédiatement applicable : fuyards et déserteurs seront exécutés. J'ai pu alerter nos Temples dispersés à travers la Confédération; de toutes les zones galactiques, nos vaisseaux convergent maintenant vers Xinthya. Il faut assurer la défense de notre Planète Sainte pour que survive la Vérité et triomphe la Justice Divine!

« Les destructions subies sont plus spectaculaires que catastrophiques et nul ne doit s'abandonner à un défaitisme coupable. Je reste parmi vous, mes fils, et jusqu'à la victoire je lutterai à vos côtés.

L'apparition nimbée d'une auréole phosphorescente s'estompa, s'évanouit.

– Le vieux Schnock est donc dans les labos souterrains du palais! déclara Gilles.

– Oui, c'est de là que ses prêtres et savants ont pu projeter dans l'espace son image holographique, fit Lynkhor. Venez!

Derrière le trône surélevé, ils trouvèrent l'entrée de l'escalier menant aux laboratoires. Les pistolasers entrèrent en action, découpant le métal autour du verrou magnétique. Les gouttelettes d'acier fondu ruisselaient sur le panneau qui pivota enfin sur ses gonds.

Au bas des marches, le cordon de gardes qui les vit déboucher les accueillit par un feu d'enfer! Ce fut un miracle si seul l'un des Terriens reçut une blessure – légère – au bras gauche! Ils refluèrent précipitamment dans l'escalier et Gilles, imité par le commandant Lynkhor, balança au bas des marches trois micro-grenades dont l'explosion ébranla les murs et fit éclater les rampes lumineuses du plafond.

Assourdis par les détonations, ils laissèrent s'écouler une ou deux minutes avant de braquer leurs torches au krypton vers le bas. Dans un nuage de fumée noirâtre, irritant la gorge, ils discernèrent des cadavres éventrés, disloqués et de profondes éraflures sur les murs souillés de sang.

La porte donnant sur le hall des laboratoires fut découpée au pistolaser et ils se rejetèrent prestement de côté par crainte d'une riposte; rien ne vint. Après s'être consultés du regard, Lynkhor et Gilles bondirent dans l'entrée en arrosant le passage avec leurs armes fulgurantes. Rien. Le hall était vide.

Avec une extrême prudence, ils s'avancèrent jusqu'à la porte des laboratoires, puis s'arrêtèrent, prêtant l'oreille. Des crachotements provenant d'un haut-parleur troublaient le silence, précédant une voix mal assurée, anxieuse :

– Ici Toloung, le Grand Prêtre, qui parle au nom du Groupe de Recherches. Nous nous rendons; inutile de semer la destruction autour de vous. Nous allons ouvrir et vous pourrez nous apercevoir, sans armes, bras levés, au fond du laboratoire de physique.

– Combien êtes-vous, là-dedans? s'enquit le commandant Lynkhor.

– Trois. Deux physiciens et moi-même.

– La Divine Sagesse n'est donc pas avec vous?

– Non. Elle a pu gagner sa retraite secrète pour organiser la résistance à vos attaques.

– C'est bon. Nous acceptons votre reddition. Mais, avant de sortir, emportez avec vous les microfilms de vos archives scientifiques et les films qui ont été pris des séances de tortures publiques perpétrées aujourd'hui à Thyallouhora. Ces documents sont ici, je le sais, dans vos chambres fortes défendues par un canon à plasma.

Un bref silence puis la voix de Toloung reprit :

– C'est exact. Nous allons ouvrir pour vous le vantail blindé de la chambre forte, mais nous ne pourrons absolument pas, à nous trois, retirer et transporter les coffres en supermétal abritant ces documents. Que devons-nous faire?

Après une brève hésitation, Lynkhor ordonna :

– Ouvrez et sortez un par un.

La porte de métal coulissa et, au fond du laboratoire, dans la perspective d'une table centrale encombrée d'instruments complexes, ils aperçurent le Grand Prêtre, flanqué de deux hommes en tunique blanche, les mains levées. A leur gauche, une ouverture circulaire, celle de la chambre forte dont le vantail blindé ressemblait à une culasse de canon atomique épaisse de 2 m 50!

Sur un signe de Lynkhor, les trois prisonniers sortirent, apeurés.

– Gardez ces deux-là, ordonna le chef du commando à un groupe de Terriens. Nous allons pénétrer dans le labo avec Toloung.

Dix Terriens restèrent dans le hall pour surveiller les deux captifs et les abords du laboratoire tandis que les autres, poussant le Grand Prêtre, pénétraient dans la salle. Gilles et le commandant Lynkhor risquèrent un œil par l'ouverture circulaire de la chambre forte où s'entassaient des caissons métalliques portant chacun une inscription en caractères élohamites.

– Où est-il ce fameux canon à plasma qui défend l'accès de ce bunker? interrogea Lynkhor.

Le Grand Prêtre désigna une trappe de trois mètres sur deux dans le sol de métal :

– Là, dans son logement habituel où il reste enfoui si la porte blindée est ouverte selon la combinaison prévue. Dans la négative...

Toloung fit de la main un geste désinvolte :

– Plus de soucis pour ceux qui auraient tenté de violer nos secrets...

– Où sont les coffrets renfermant les documents qui nous intéressent? Vous nous indiquerez ensuite la retraite où se terre la Divine Sagesse.

Il y eut un bref ronronnement, suivi par un triple choc assourdissant. Les hommes du commando firent volte-face, prêts à tirer. Ils ne comprirent pas tout de suite ce qui s'était passé puis réalisèrent enfin, sidérés : trois énormes panneaux de supermétal venaient littéralement de tomber le long des murs, bloquant toutes les issues. Seul le mur qui leur faisait face, au fond du laboratoire, restait tel qu'il était à leur arrivée. Invisible jusque-là, une porte dérobée s'y découpa, glissant latéralement pour livrer passage à... la Divine Sagesse!

Narquois, le vieillard s'avança tandis que, dans son dos, l'épaisse porte de métal se refermait.

– Vous vouliez, je crois, me traquer dans ma retraite secrète? La voici, fit-il en désignant du geste le laboratoire. Ce revêtement en supermétal résisterait au tir conjugué de mille pistolasers! Quant à ce mur, qui m'a livré passage, il est lui aussi, de même nature, et nous sommes, désormais, tous prisonniers de ce caisson invulnérable pour vos armes. Nous sommes isolés de l'extérieur... Pas totalement, en vérité, car ce télévisionneur – là, sur votre gauche – va me permettre d'entrer en communication avec le général Shorloo auquel je vais dicter mes ordres.

Le commandant Lynkhor, Gilles et leurs compagnons étaient atterrés. Ils s'étaient laissés jouer comme des collégiens pour s'être fiés à la reddition du Grand Prêtre!

Ses bras croisés enfouis dans les amples manches de sa tunique, le vieillard les considérait, goguenard :

– Alors, commandant Lynkhor, qu'attendez-vous pour vous servir de cet télévisionneur afin d'entrer en rapport avec votre chef?

– Nous sommes peut-être prisonniers, riposta-t-il, mais qu'espérez-vous obtenir du général Shorloo? Qu'il batte en retraite sur votre menace de détruire l'Univers?

Il eut un rire sarcastique et ajouta :

– Vous n'êtes qu'un fou, un mégalomane et vos menaces sont le fruit d'un bluff que j'ai pu démontrer : vous n'avez jamais possédé les fameux disrupteurs de Quarks dont vous et vos prédécesseurs brandissiez le spectre pour retenir les Elohams dans leur désir de mettre un terme à vos forfaitures!

Le vieillard tiqua mais reprit rapidement son assurance :

– C'est vrai, nos savants n'ont pu encore mettre au point cette arme absolue, destinée à purger l'Univers de la vie et de sa substance même. Voyez-vous, votre évasion m'a fait redouter le pire et m'a incité à prendre certaines précautions *que vous ignorez*. Depuis hier, un chapelet de bombes protoniques à superfusion est enfoui au fond de chacun des puits primitivement destinés à recevoir les disrupteurs de Quarks. Des puits géants formant une couronne profonde au sein des socles continentaux de Xinthya. Un ordre, un geste de moi suffirait pour les amorcer et condamner rapidement notre Planète Sainte à une pulvérisation intrégrale.

« Alors, qu'attendez-vous pour appeler le général Shorloo?

Lynkhor, bouleversé par ce retournement de situation, marcha avec lassitude vers le télévisionneur, régla les commandes sur la fréquence du vaisseau-amiral. Au bout de trois secondes à peine, l'image du général Shorloo s'inscrivit sur l'écran, frappé d'étonnement à la vue de la mine triomphante de la Divine Sagesse. En peu de mots, le chef du commando l'instruisit de ce qui venait de se passer.

Le général Shorloo s'efforça de masquer sa déconvenue et demanda sèchement :

– Que proposez-vous?

Le vieillard, lui, ne chercha point à cacher sa jubilation :

– Vous devez immédiatement évacuer Xinthya et faire savoir au Commandement Central que, moi et mon clergé, nous sommes à la minute même en guerre contre les Elohams. J'ai pu alerter tous nos Temples disséminés dans la Confédération; nos escadres seront ici dans...

Braquant soudain son pistolaser sur la Divine Sagesse, Lynkhor jeta à l'adresse de son chef :

– Ne l'écoutez pas, général! Je vais abattre ce fou! Notre commando est condamné, soit, mais n'hésitez pas une minute à bombarder Thyallouhora! Anéantissez la Ville Sainte et portez-vous à la rencontre de l'escadre! Elle ne doit pas disposer d'un très gros armement et vous devriez pouvoir la...

Il s'interrompit, brusquement inquiet devant l'attitude du vieillard : celui-ci décroisait ses bras, retirait de ses larges manches ses mains dissimulées jusqu'ici. Dans sa dextre, il présentait une sphère de métal ornée de facettes scintillantes. Une flamme hallucinée brillait dans son regard :

– Vous venez de nous condamner, Lynkhor! Ce bloc de télécommande est relié aux multiples chapelets de bombes protoniques à superfusion enfouis dans les entrailles de Xinthya... Regardez!

Il appuya fortement son pouce sur l'une des facettes de la sphère et acheva :

– Vous vouliez me capturer vivant? Nous allons mourir ensemble et disparaître comme disparaîtra la Planète Sainte!

Sur l'écran, le général Shorloo s'écria, très pâle :

– Paralysez-le, Lynkhor et tentez l'impossible pour fuir! La mise en activation de ces bombes spéciales n'est pas immédiate. Peut-être aurez-vous le temps...

Gilles avait dégainé son paralysateur et venait de tirer. Le vieillard s'effondra, telle une statue, ridige, lâchant la boule de métal qui roula sur le sol du laboratoire. Toloung, la gorge sèche, promenait autour de lui des yeux de bête traquée. L'idée de périr ainsi, pris au piège avec ceux qu'il avait fait tomber au pouvoir de la Divine Sagesse, lui paraissait maintenant intolérable.

Sur le mur, sous le télévisionneur, un cadran lumineux venait de s'allumer et des chiffres y défilaient, accompagnés par une série de tops sonores, monotones.

– Le... compteur de mise en activation des bombes protoniques, murmura Lynkhor.

La gorge nouée par l'émotion, il ajouta à l'intention du général Shorloo :

– Vous ne pouvez plus rien pour nous, général. Je vous en prie, fuyez avec l'escadre et ordonnez aux appareils basés sur Kinlda de fuir aussi. La destruction de la planète va provoquer des cataclysmes à la surface de ses Lunes... Certaines seront même disloquées ou quitteront leurs orbites.

La pomme d'Adam du général Shorloo remonta dans un pénible mouvement de déglutition et il murmura :

– Adieu, Lynkhor. Adieu, mes amis. Votre sacrifice, j'en suis sûr, n'aura pas été vain...

– Pour l'amour du ciel, Shorloo, fuyez! clama Gilles Novak.

L'image du commandant en chef des Forces élohamites s'effaça de l'écran. Un épais silence s'était apesanti sur les captifs, et le lent égrenage des tops du compteur d'activation des bombes parut alors faire un vacarme qui vrillait les tympans.

Le poignard à la main, Lynkhor se rua soudain sur le Grand Prêtre et le saisit au collet tout en lui enfonçant de quelques centimètres la lame dans le flanc. Malgré ses cris de douleur, il cracha, dents serrées :

Il doit bien y avoir un moyen de sortir de ce... cercueil de métal? Tu es placé à la même enseigne et ta mort est inéluctable...

Suant d'angoisse et de souffrance, Toloung haleta dans un souffle :

– Le... Le canon... à plasma!

Lynkhor le lâcha. En titubant, la main serrée sur son flanc gauche d'où filtrait un filet de sang dont la tache s'élargissait sur sa tunique blanche, le Grand Prêtre pénétra dans la chambre forte. On entendit la vibration sourde d'un mécanisme et Toloung ressortit en hâte :

– Vite! Couchez-vous au fond du laboratoire... J'ai réglé le canon à sa puissance maximale...

Ils coururent se jeter à plat ventre contre le mur opposé, mais Lynkhor se releva aussitôt, bondit vers le corps paralysé de la Divine Sagesse, le jeta sur l'épaule et rejoignit en toute hâte ses compagnons. Toloung, souffrant de sa blessure, la tunique rouge de sang, marchait avec peine pour s'éloigner au maximum; il voulut courir lui aussi, mais une infernale lueur jaillit de la chambre forte, accompagnée d'un grondement de cataracte. La tunique du Grand Prêtre s'embrasa et Toloung, transformé en torche vivante, se roula sur le sol en hurlant cependant qu'un souffle de fournaise balayait le laboratoire.

Le dard de plasma avait disparu avec un claquement d'explosion, laissant dans le mur métallique un orifice circulaire d'environ deux mètres de diamètre dont les bords ruisselaient de métal en fusion.

– Suivez-moi! ordonna Lynkhor. Toi, Gilles, prends en charge le prisonnier, fit-il en désignant la Divine Sagesse.

Il les entraîna dans la chambre forte, fouilla anxieusement parmi les caissons dotés de poignées, finit par trouver ce qu'il cherchait et appela l'abbé Morvan :

– Voilà le caisson des archives scientifiques microfilmées et celui des films pris au cours de la séance de tortures publiques.

Aidé par l'abbé Morvan, il transporta le premier et confia le second à deux hommes tandis que Gilles chargeait le corps du vieillard sur son épaule. Au risque de se brûler cruellement, ils franchirent la brèche rougeoyante et, dans le couloir voisin, retrouvèrent leurs compagnons entourant les deux prisonniers.

– Emmenez-les avec vous et filons sans perdre une seconde!

Une course folle commença pour les fugitifs, talonnés par la crainte de périr dans la formidable déflagration planétaire qui se préparait. Ouvrant la marche, Régine, Stoïka et quelques hommes abordaient chaque tournant des couloirs en tirant aux pistolasers afin d'être certains de ne point tomber sur une patrouille de miliciens. A bout de souffle, ils parvinrent enfin sur la plate-forme supérieure du palais; là, un instant désorientés, ils finirent par opter pour un aviso juché sur son tripode d'atterrissage auprès duquel un groupe de miliciens s'affairaient.

– Pas de pistolasers; les paralysateurs! chuchota Lynkhor.

Les six miliciens venaient de les apercevoir, courant vers eux. Ils dégainèrent mais les Terriens, plus prompts, les couchèrent sous le faisceau paralysant de leurs armes. Leurs corps, figés, basculèrent sur le sol dans la position grotesque où les rayons tétanisants les avaient frappés.

Les fugitifs allaient atteindre le sas d'accès de

l'appareil lorsqu'une terrible secousse, suivie d'un grondement en provenance des entrailles de la planète, les déséquilibra, les fit choir pêle-mêle.

– A l'aviso! hurla Lynkhor en se relevant et en récupérant le caisson qui lui avait échappé. La première bombe vient d'exploser; les autres vont se succéder à cadence rapide jusqu'à dislocation complète de la surface planétaire!

Deux minutes plus tard, les prisonniers bouclés dans une cabine, Lynkhor, aux commandes de l'appareil, décollait cependant qu'une nouvelle explosion ébranlait le sol. Au faîte du palais, les arcs-boutants de la plate-forme se brisèrent, précipitant dans le vide une douzaine d'astronefs qui allèrent s'écraser sur les terrasses inférieures de Thyallouhora. Les fugitifs gagnèrent rapidement de l'altitude et, au mileu de la nuit, ils aperçurent une énorme langue de feu zigzagante : celle d'une fissure géante qui s'ouvrait dans la croûte planétaire!

Le chef du commando poussa le générateur de champ gravito-magnétique à sa puissance optimale dans la gamme des vitesses subluminiques; l'aviso franchit l'orbite de la cinquième Lune – Kinlda – la plus éloignée, à l'instant où, dans un embrasement titanesque, la Planète Sainte éclatait comme une grenade, projetant dans l'espace des milliards de fragments destinés à devenir météorites ou planétoïdes selon leur taille.

L'équilibre gravitationnel rompu, les cinq satellites naturels de Xinthya s'arrachèrent à leurs orbites; deux d'entre eux semblèrent « tomber » vers l'astre en explosion tandis que deux autres, précipités vers un même point de convergence, se télescopaient dans une fantastique collision silencieuse en vomissant des flots de matière fugitivement embrasée.

A bord de l'aviso, le commandant Lynkhor et ses compagnons, sains et saufs, s'entre-regardèrent : uniformes déchirés, visages maculés, noircis, cheveux et sourcils roussis par l'haleine brûlante du canon à plasma. Ils finirent par éclater de rire; un rire nerveux, certes, mais celui-ci les libérait un peu de l'angoisse qui, jusqu'ici, les avait tenaillés.

Stoïka s'était jeté dans les bras de Gilles et se serrait contre lui, secouée par des sanglots : ses nerfs venaient de craquer. Quant à Régine, en proie à la même émotion, elle était venue se blottir auprès du commandant Lynkhor. Celui-ci la morigéna gentiment :

– Tu as été courageuse dans les moments les plus dramatiques et c'est maintenant – hors du danger – que tu verses des larmes?

– Oui, renifla-t-elle, mais dans ces moments-là, je ne pensais guère au journalisme! Aujourd'hui, avec la perte de mon Canon, je réalise l'ampleur de l'irréparable : le plus fabuleux reportage-photo qui se puisse concevoir m'est passé sous le nez!

L'écran du télévisionneur s'éclaira soudain sur le visage stupéfait du général Shorloo qui hésitait à admettre pour vrai le témoignage de sa vue. Il cilla à plusieurs reprises avant de se convaincre que le commandant Lynkhor et ses compagnons étaient bien vivants :

– Grâce au ciel, vous êtes saufs!

Lynkhor repoussa discrètement Régine et répondit en s'éclaircissant la voix, un peu gêné d'avoir été surpris la jeune femme dans ses bras :

– Euh... Oui, général. Nous avons même pu emmener la Divine Sagesse, deux autres prisonniers et deux caissons renfermant les archives scientifiques de Xinthya outre les films de tortures publiques nécessaires à l'instruction du procès de ce fou démoniaque.

– Bravo, *colonel* Lynkhor! sourit Shorloo. Car c'est ce grade – je croyais devoir vous l'attribuer à titre posthume – que vous porterez désormais! Je vais donner l'ordre à notre vaisseau de vous récupérer en vol. Nous allons placer la Divine Sagesse et ses complices en hibernation; cela leur permettra d'attendre – sans risque de mourir prématurément – le plus grand procès jamais intenté dans l'Univers. Un procès dont la phase finale se déroulera sur la Terre, d'ici à un ou dix ans, peu importe. Mais ce procès aura lieu et marquera la fin de l'Ere des Poissons pour les humains qui entreront alors de plain-pied dans l'Ere du Verseau.

« Une ère où s'amorce, déjà, l'avènement d'un Dieu nouveau directement lié à l'Espace : le Dieu de l'humanité future, née des Elohams... les descendants des *Elohim* instructeurs de Moïse...

AVERTISSEMENT (tardif!) AU LECTEUR

(in édition originale de 1967)

Eu égard au caractère fantastique de l'hypothèse de travail postulée par ce roman – et au risque d'être taxé de pédantisme! – je tiens à bien préciser que ladite hypothèse doit cerner d'assez près la vérité. « C'est mon opinion, et je la partage! » (Joseph Prudhomme *dixit*). Que les *Kheroubim* (« chérubins »), les « anges » et autres « Messagers Célestes » aient été des humanoïdes extra-terrestres venus « donner un coup de pouce » à nos anciennes civilisations peut choquer... Tout comme choquaient jadis les idées « saugrenues » de la rotondité, de la rotation de la Terre et autres « hérésies », tels les sous-marins, les objets volants plus lourds que l'air, le phonographe ou les météorites!

Cette hypothèse de travail – quitte à sentir le soufre – fut partiellement effleurée, naguère, dans mes romans : Nous les Martiens (1954), *Nos Ancêtres de l'Avenir* (1956) [1] et déjà plus élaborée dans mes ouvrages documentaires : *Les Soucoupes Volantes viennent d'un autre monde* (1954) et

1 Réédités dans la présente collection.

Black-out sur les Soucoupes Volantes (1956), ces deux derniers réédités, Diffusion Dervy-Livres.

Depuis lors, des chercheurs, des érudits se sont penchés sur le problème fascinant des « dieux civilisateurs » et autres questions connexes relevant de ce néo-ésotérisme sans lequel *tous* les textes sacrés, toutes les traditions, légendes et mythologies restent ce qu'ils sont du point de vue exotérique : des récits obscurs ou mythiques dont la signification profonde demeure cachée. Ajoutons à cela deux millénaires de conditionnement né de l'obscurantisme, de la conspiration du silence, du douillet conformisme béat et nous aurons les raisons pour lesquelles, aujourd'hui, cette « hypothèse de travail » sous forme romancée demeure une hypothèse... ou une « hérésie » qui, voici quelques siècles, aurait valu le bûcher à son auteur!

Au lecteur intéressé (et ne redoutant pas les exhalaisons sulfureuses!) je conseille fortement la lecture des ouvrages suivants, dont l'étude est capitale pour la compréhension de l'origine *véritable* de nos croyances et de nos civilisations :

Le Livre de Chilam Balam, de Chumayel (Denoël);
L'ésotérisme de Popol Vuh, Raphaël Girard (Maisonneuve);
Les Extra-terrestres, Paul Thomas (Plon);
Les cahiers de cours de Moïse, Jean Sendy (Julliard);
Les Dieux nous sont nés, Jean Sendy (Grasset);
Le Dieu du Futur, Jean-Charles Pichon (Ed. Planète);

Celui qui naît, Jean-Charles Pichon (Ed. Planète);

Le Royaume et le Prophète, Jean-Charles Pichon (Robert Laffont);

Les jours et les nuits du cosmos, Jean-Charles Pichon (Robert Laffont);

Histoire inconnue de l'homme depuis 100 000 ans, Robert Charroux (Robert Laffont);

Le Livre des secrets trahis, Robert Charroux (Robert Laffont);

Le Livre des Maîtres du Monde, Robert Charroux (Robert Laffont);

Voyages vers ailleurs, Serge Hutin (A. Fayard);

Les civilisations inconnues : mythes ou réalités, Serge Hutin (A. Fayard);

Le matin des magiciens, L. Pauwels et J. Bergier (Gallimard);

La Doctrine Secrète, Héléna Pétrovna Blavatsky (Ed. Adyar);

enfin, La Bible, particulièrement l'Edition Œcuménique, publiée en trois volumes par « Planète », avec d'innombrables notes riches d'enseignement... « néo-ésotérique ». (Malheureusement épuisée; à rechercher chez les bouquinistes).

Tous ouvrages à lire, donc, et à méditer en attendant la confirmation que pourrait bien nous apporter, un jour... LE RETOUR DES DIEUX...

J.G.

L'holocauste nucléaire tout le monde y pense...
C'est arrivé !
Après la Troisième guerre mondiale. C'est le chaos, l'horreur, et aussi la lutte pour la vie.
Dans un pays ravagé, livré à la famine,
où des hordes de motards et d'assassins sèment la terreur, un homme recherche sa femme et ses enfants.
Sa quête le mènera, dans cette Amérique
de cauchemar,... au bout de l'enfer.
Mais John Thomas Rourke n'a qu'un seul but,
continuer...
Il est

LE SURVIVANT

Chez votre libraire :

N° 1 Guerre totale *
N° 2 Le cauchemar commence
N° 3 L'escadron de fer
N° 4 Le cri de l'épervier
N° 5 Le piège
N° 6 Les hommes-jaguars

* Ce titre est vendu avec le Mercenaire n° 7
La loi du silence.

LA COMPOSITION, L'IMPRESSION ET LE BROCHAGE DE CE LIVRE
ONT ÉTÉ EFFECTUÉS PAR LA SOCIÉTÉ NOUVELLE FIRMIN-DIDOT
POUR LE COMPTE DES ÉDITIONS PLON
ACHEVÉ D'IMPRIMER LE 28 MARS 1986

Imprimé en France
Dépôt légal : juin 1985
N° d'édition 11340 – N° d'impression : 4325